Liderazgo Desde la Cruz

Principios y Personajes

Del liderazgo bíblico

Sobre el Autor:

G. Ernesto Johnson con su esposa, Grace, procedentes de Winnipeg, Canadá, llegaron a Río Grande en 1954 y él ha sido profesor desde tal año. Ha servido de Decano Académico (1968-1981), Presidente (1981-1995) y Presidente Emérito hasta ahora.

Se graduó de Prairie Bible Institute, Three Hills, Canadá (1949); Universidad de Pan American Edinburg, TX (1965); M.A, Instituto de Estudios Latinoamericanos, Universidad de Texas, Austin TX (1970); Doctor en Misionología, Trinity Evangelical Divinity School, Deerfield, Illinois (1985).

Liderazgo Desde la Cruz

Principios y Personajes
Del liderazgo bíblico

G. Ernesto Johnson

Revisión: Carlos Pulgarín

ISBN 978-1-4507-9844-0

Editorial Rio Grande

© 2011 by Rio Grande Bible Institute

Published by Editorial Rio Grande
4300 S. U.S. Highway 281
Edinburg, Texas 78539

ISBN 978-1-4507-9844-0

ISBN 978-1-4507-9844-0

9 781450 798440   90000>

DEDICATORIA

Tengo un agradecimiento muy especial para un grupo de mujeres que merecen un lugar único en mi corazón. Ellas, un equipo sensible y amoroso, me han apoyado en todo momento y en todas las circunstancias.

A mi madre, Elizabeth Johnson Haslett, cuya vida inspiró y forjó desde muy temprano mi deseo de servir a Dios.

A mi esposa, Grace Johnson, quien por sesenta y un años ha compartido conmigo su llamado y su apoyo leal.

A mis hijas, Tricia, Sharon, Carol y Colleen, quienes junto con sus esposos están involucradas en la obra de Dios.

Y por sobre todas las cosas, mi agradecimiento especial de todo corazón es para Dios, a Él sean la honra y la gloria por siempre.

Índice

AGRADECIMIENTOS

Desde lo más profundo de mi corazón agradezco a Dios el alto privilegio de compartir con mis lectores este segundo libro: *Liderazgo desde la Cruz*. Mi mensaje sigue siendo el mismo que he predicado por más de 60 años de ministerio: el **Mensaje de la Cruz**. En la Cruz de Jesús contemplamos, como nunca antes, el corazón de nuestro Dios.

Todo lo que Dios es se revela en su amado Hijo, quien dio su vida por nosotros. La obra consumada en la cruz tiene como fin glorificar al Padre y darnos a nosotros un regalo inmerecido: la salvación, de esta manera llegamos a ser herederos con Dios y coherederos con Cristo.

Este esfuerzo nunca habría llegado a feliz término si no hubiera sido por la cooperación del Instituto Bíblico Río Grande y mis estimados colegas.

Mi gratitud especial a nuestro Presidente, Dr. Larry Windle, su proyección visionaria lo llevó a crear la Editorial Río Grande. El apoyo personal que me dio y la participación en los primeros esfuerzos fueron definitivos para ensanchar las estacas.

Una palabra de gratitud para alguien que ha revisado estos dos libros, el Reverendo Carlos Pulgarín, a quien Dios nos trajo en el "oportuno socorro". Tuve el honor de tenerlo en mi clase sobre la Doctrina de la Salvación; llegué a conocerlo y apreciar su trasfondo como periodista profesional en el duro contexto de su país Colombia. A Carlos, Dios le ha dado el don de manejar su propio idioma como pocos que he conocido. Aprecio su buena voluntad desde el mismo momento en que emprendimos este esfuerzo. Aunque he dado clases de la gramática española por 50 años, la revisión de Carlos ha sido indispensable y muy apreciada. Gracias a él y a su familia.

¡Cuánto agradecimiento para con mi esposa, Grace! Su apoyo y compresión han sido vitales. Gracias a ella he podido dedicar tanto tiempo a mi llamado. Grace, de igual manera, ha sido testigo fiel de lo que Dios ha hecho en nuestras vidas. Desde los años sesenta he viajado por más de 17 países de América Latina, siempre compartiendo el Mensaje de la Cruz. Ella atendió a nuestras hijas para que yo pudiera enseñar, escribir y ahora compartir con tantos mi carga por la vida espiritual.

A   Dios, el comienzo y el fin, el Eterno, gracias por este don inmerecido.

Gordon Ernesto Johnson
27 de octubre de 2011

Breve historia del Instituto Bíblico Rio Grande

El Instituto Bíblico Rio Grande es una organización evangélica y misionera que Dios ha levantado para preparar obreros para su iglesia en Latinoamérica. Es fundamental en su doctrina y cree firmemente en la inspiración verbal y la autoridad final de la Palabra de Dios. Busca servir a todas las iglesias y denominaciones que comparten la misma doctrina y práctica.

El Instituto Bíblico Rio Grande fue fundado por el Reverendo M. C. Ehlert en el Valle del Rio Grande de Texas en 1946 con el propósito de entrenar obreros. En aquellos primeros años había dos escuelas bíblicas, una en español y otra en inglés. En 1955 se clausuró la de inglés, y en su lugar se abrió una escuela para enseñar español a misioneros en camino a América Latina. Dios ha agregado tres emisoras radiales, una en AM y dos en FM. También se estableció un departamento de producción de videos, un centro de conferencias bíblicas, y varios otros ministerios.

Dios ha prosperado las dos escuelas misioneras. Más de 6000 jóvenes hispanos y misioneros anglos han estudiado en ellas. El cuerpo docente se compone de profesores calificados, tanto latinos como anglos, con una buena preparación académica. Están unidos en el llamamiento sagrado de invertir sus vidas y conocimientos en los futuros líderes del mundo de habla hispana.

Dios mantiene al Instituto Bíblico Rio Grande a través de la oración y los donativos de su pueblo. La escuela depende totalmente de Él, y se desea que todos los estudiantes aprendan temprano a hacer lo mismo. Ningún obrero de la escuela recibe un sueldo fijo sino que vive de los donativos que le son enviados por el pueblo de Dios. Por esta razón, en el IBRG los gastos de educación son mínimos. El deseo de la escuela es proveer una preparación bíblica para todos los que la deseen, aunque tengan pocos recursos económicos.

Su propósito principal es: "Glorificar a Dios, sirviendo a la iglesia hispana por medio de la preparación de líderes, la edificación de los creyentes, y la evangelización de los perdidos. Busca lograr este propósito bajo la dirección del Espíritu Santo de acuerdo con el mandato misionero de la Palabra infalible."

El Instituto Bíblico Rio Grande está ubicado en Edinburg, Texas, EE.UU., una sabana llamada Valle del Rio Grande que constituye la frontera entre México y Texas. Está a unos 25 kilómetros de la cuidad fronteriza de Reynosa, Tamaulipas, México. La escuela está autorizada debidamente por el gobierno estadounidense para recibir alumnos de países extranjeros.

El seminario existe para capacitar líderes consagrados que sirvan a Dios dondequiera que Dios los guíe a servir. Las metas son las siguientes:

1. Guiar al estudiante a un entendimiento más profundo de la Palabra de Dios y doctrina bíblica. (2 Timoteo 3:16-17).

2. Preparar al estudiante para servir a Dios efectivamente en el ministerio Cristiano para el cual Dios lo ha llamado. (2 Timoteo 2:2; 1 Corintios 12:6-7).

3. Siempre ser un ejemplo ante nuestros estudiantes de un apasionante caminar con Dios, para que el amor de ellos por Cristo los confirme en crecimiento y madurez. (1 Corintios 6:20; 11:1; Juan 15:9-13).

4. Retar al estudiante a obedecer a la Gran Comisión de

predicar el Evangelio y hacer discípulos, para que los integren a la iglesia local.

5. Animar a los graduados a regresar a sus respectivas iglesias con una visión de misiones mundiales para servir a Dios de acuerdo a su voluntad. (Juan 4:28-29; Mateo 9:37-38).

6. Guiar al estudiante en crecimiento y madurez espiritual, y proveer la oportunidad de crecer en la vida cristiana para que la imagen de Cristo sea reflejada en él. (Efesios 4:13).

   a. Espiritualmente: Desarrollar una relación creciente con Cristo a través de la oración, obediencia a la Palabra de Dios, la adoración y servicio a Él. (Colosenses 4:12).

   b. Intelectualmente: Facilitar la habilidad del estudiante para entender y desarrollar un pensamiento analítico y presentar una visión mundial cristiana de una manera profesional. (Filipenses 4:8; Romanos 12:2).

   c. Socialmente: Desarrollar una vida que sea semejante a Cristo en ambas áreas, personal y social, siendo guiado por principios bíblicos y controlado por el Espíritu Santo en todo tiempo. (Colosenses 3:17).

   d. Económicamente: Fortificar el entendimiento del estudiante en la Mayordomía Bíblica. (Romanos 13:8; Filipenses 4:19).

   e. En el lugar de trabajo: Desarrollar una apreciación por la dignidad del trabajo y una ética bíblica de trabajo. (Hechos 20:34; 1 Tesalonicenses 2:9).

7. Cultivar y desarrollar las habilidades del estudiante para que pueda comunicar efectivamente la

Palabra de Dios en el contexto del mundo hispano. (2 Timoteo 2:2; 2 Timoteo 4:1-2).

El alumno que viene al instituto Bíblico Rio Grande encontrará una escuela donde el desarrollo de su vida espiritual es considerado como la más alta prioridad. Las clases le retarán académicamente, pero el enfoque de ellas es la obediencia a la Palabra de Dios, y no el mero conocimiento. Se enfatiza la unión del creyente con Cristo y el impacto de esto en su vida. El liderazgo se enfoca como un "servicio" al Señor y a su iglesia, que se logra mediante una buena preparación y la dirección constante del Espíritu Santo.

El estudiante se verá obligado a disciplinarse en el uso de su tiempo. El programa de trabajo (para los internos) junto con los estudios y la convivencia en una nueva cultura, formada por la unión de personas de lugares diferentes, requiere una adaptación y disciplina única por parte del alumno. La intensidad de los estudios (con las tareas, exámenes, etc.), el servicio práctico de los fines de semana y el programa de trabajo se combinan para demandar una disciplina propia de parte de aquel alumno que quiere tener buen testimonio en todo lo que hace. Los graduados de la escuela aprecian mucho la disciplina que aprendieron durante su estancia aquí y que les sirve para el resto de su vida.

El alumno se verá retado a disciplinarse en su vida personal. La escuela cree que un obrero del Señor debe mantener una vida intachable y tener altas normas de comportamiento que rigen para todos. La obediencia y la sumisión aun bajo situaciones difíciles son vistas como cruciales en la preparación para servir a Dios. Las normas no siempre serán las mismas de su familia y/o de iglesia, pero ningún alumno debería venir al IBRG si no está dispuesto a obedecer y sujetarse a las normas de la Escuela.

Nuestra meta es una preparación integra, buscando excelencia en el ministerio, que es visto como "servicio" en la iglesia para Cristo nuestro Señor.

Desde febrero del 1999 el Instituto Bíblico Rio Grande ha sido acreditado por la Comisión de Acreditación de la Asociación para la Educación Bíblica Superior (The Association for Biblical Higher Education, ABHE), una institución reconocida por el Concilio de Agencias de Educación Superior (Council on Higher Education Agencies) con el Departamento de Educación de los Estados Unidos. El Instituto Bíblico Rio Grande es autorizado por el Estado de Texas otorgar el Bachelors.

Prefacio

¡Qué si el grano de trigo no cae en la tierra y muere,
queda solo…
pero si muere, lleva mucho fruto!

El primer libro del Dr. Ernesto Johnson, *Retos desde la Cruz,* nos llevaba a dar una mirada a aquellos santos del Antiguo Testamento y la manera cómo Dios los moldeó la semejanza de Cristo en ellos. ¡Qué bendición nos traía comparar las experiencias de ellos con el trato de Dios con nosotros!

Desde esta misma óptica de la Cruz nuestro querido hermano nos lleva a considerar el liderazgo cristiano, enfocándonos en los principios y personajes bíblicos de un liderazgo que refleja el mismo carácter y ejemplo tierno del Señor Jesucristo. En nuestro día de tantas teorías y filosofías del liderazgo, vemos cada día más y más libros en las librerías que resaltan la necesidad de un liderazgo eficaz, los cuales prometen resolver de una vez las preguntas fuertes del liderazgo, pero lastimosamente se olvidan del claro hecho de que Dios es el autor de la vida humana, y de que solo Dios tiene respuestas a las faltas del liderazgo humano. El Dios creador no sólo tiene las respuestas, sino también nos ha divulgado por revelación divina los principios y ejemplos de ellas expresado en carne y hueso humano.

¡Qué refrescante lluvia a nuestro liderazgo tan seco llega este libro, *Liderazgo desde la Cruz*! Nos lleva directa y precisamente al fundamento de nuestra fe, la Biblia misma, para descubrir lo que dice y enseña Dios del liderazgo. Resalta el ejemplo perfecto del

Señor Jesucristo, el Cordero de Dios, el autor único de la vida eterna, y el único ejemplo de un liderazgo perfecto. El concepto de la sumisión de Cristo es el aspecto más clave del liderazgo bíblico, Cristo el Cordero Digno. Apocalipsis 5:12, 13 nos dice, "El Cordero que fue inmolado es digno de tomar el poder, las riquezas, la sabiduría, la fortaleza, la honra, la gloria y la alabanza. [13] Y a todo lo creado que está en el cielo, y sobre la tierra, y debajo de la tierra, y en el mar, y a todas las cosas que en ellos hay, oí decir: Al que está sentado en el trono, y al Cordero, sea la alabanza, la honra, la gloria y el poder, por los siglos de los siglos."

Espero que el lector piense primero en Cristo, el Cordero Digno, para poder empezar a dejarle al Espíritu Santo moldear el ejercicio de sus responsabilidades en un liderazgo humilde, correcto, y que refleje el carácter de Cristo.

Como siempre, el hermano Johnson nunca cesa de demostrar su pasión por el mensaje de la cruz. Que este esfuerzo conjunto, *Liderazgo desde la Cruz*, nos motive a dejar de ser seducidos por el mundo y sus medios tecnológicos, sus teorías sicológicas, sus ambiciones de poder, y sus propensidades hacia las estadisticas y hacia el dinero...para regresarnos completamente al Perfecto y su mensaje de la Cruz, donde morimos Juntamente con El. En fin, a poder decir junto con el apóstol, "lejos esté de mí gloriarme, sino en la cruz de nuestro Señor Jesucristo, por quien el mundo me es crucificado a mí, y yo al mundo."

Lawrence B. Windle, ThD
Instituto Bíblico Rio Grande
Presidente

Capítulo 1
EL ESPLENDOR DE LA CRUZ

Si queremos ver a nuestro Dios en toda su gloria y majestad, debemos mirar hacia la cruz. Allí, en el madero, él reivindicó su ley cuando dejó caer sobre su Hijo la ira santa de Dios; fue un despliegue de su amor para con el mundo perdido. En ese acto soberano no sólo mostró su gracia infinita al glorificarse, sino que también venció al enemigo y nos salvó.

Nadie pone en duda que Dios Trino tiene todo el derecho de reinar. El Creador hizo a la criatura y eso en sí le da ese derecho legítimo. Frente al Dios Trino no hay quien se oponga. Nabucodonosor, la cabeza de oro en la estatua de los reinos del mundo antiguo nos dio un anticipo de esta realidad.

"Mas al fin del tiempo yo Nabucodonosor alcé mis ojos al cielo, y mi razón me fue devuelta; y bendije al Altísimo, y alabé y glorifiqué al que vive para siempre, cuyo domino es sempiterno, y su reino por todas las edades. Todos los habitantes de la tierra son considerados como nada; y él hace según su voluntad en el ejército del cielo, y en los habitantes de la tierra, y no hay quien detenga su mano, y le diga: ¿Qué haces?" (Daniel 4:34, 35). De la misma boca del rey babilónico, el epítome del mal, viene esa franca confesión y admisión de la soberanía de Dios.

Pero surge la pregunta: ¿Cómo optó por reinar Dios Trino? Entramos ahora en áreas consideradas como terreno sagrado y difícil de pisar. Sin embargo, la Biblia nos permite sacar ciertas conclusiones. Dios mismo regirá al fin y al cabo. Dios Trino en la eternidad pasada se puso de común acuerdo, las tres personas en una substancia divina: Dios Padre, Dios Hijo y Dios Espíritu Santo. El Padre iba a enviar al Hijo del Hombre a *"buscar y a salvar lo que se había perdido"* (Lucas 19:10; Juan 3:16). El Espíritu Santo tomaría lo del Hijo y se lo revelaría al creyente y al mundo (Juan 16:14, 15).

¿Desde cuándo reina Dios? *"Y la (la bestia) adoraron todos los moradores de la tierra cuyos nombres no estaban escritos en el libro de la vida del **Cordero que fue inmolado desde el principio del mundo**"* (Apocalipsis 13:8). *"Quien nos salvó y llamó con llamamiento santo, no conforme a nuestras obras, sino según el propósito suyo y la gracia que nos fue dada en Cristo Jesús **antes de los tiempos de los siglos**"* (2 Timoteo 1:9).

Y la Escritura dice aún más: *"Según nos escogió en él **antes de la fundación del mundo**, para que fuésemos santos y sin mancha delante de él"* (Efesios 1:4). En la economía de Dios todo esto tomó lugar antes de la creación del hombre. Juan lo dice perfectamente bien cuando afirma: *"A Dios nadie le vio jamás; el unigénito Hijo, que está en el seno del Padre, él le ha dado a conocer"* (Juan 1: 18). Cristo es la perfecta exégesis de Dios para el mundo.

Proponga la respuesta a la pregunta previa. ***Dios iba a reinar a través de su Hijo desde la Cruz, tanto en salvar al creyente como en condenar al incrédulo en el gran trono blanco*** (Apocalipsis 20:11-15). Éste es un pensamiento bien serio y solemne. La verdadera autoridad para reinar estriba en la Cruz. Éste era el plan eterno de nuestro Dios. Por lo tanto, el **Liderazgo desde la Cruz** lleva la marca del Dios Trino. Éste es el reto para aquel que busca ser un líder digno del Crucificado.

El Dios comunicativo se manifestará a los suyos según su propia persona

Isaías lo dijo elocuentemente: *"Porque mis pensamientos no son vuestros pensamientos, ni vuestros caminos mis caminos, dijo Jehová. Como son más altos los cielos que la tierra, así son mis caminos más altos que vuestros caminos, y mis pensamientos más que vuestros pensamientos"* (Isaías 55:8, 9). El que quiere ser líder tiene que abrazar esta verdad en todo momento y aceptar que si queremos servir hay que hacerlo a su manera, siguiendo el ejemplo supremo que nos ha dejado, su Amado Hijo, el Crucificado.

Vuelve Isaías a confundirnos con otra verdad tan contradictoria a nuestra cultura y a nuestro modo de ser y pensar. Al tratar con nosotros Dios se nos revela a sí mismo y nos abre la puerta que nos permitirá llegar a ser verdaderos dirigentes bajo su mando. *"Porque así dijo el Alto y Sublime, el que habita la eternidad, y cuyo nombre es el Santo. Yo habito en la altura y la santidad, y con el quebrantado y humilde de espíritu, para hacer vivir el espíritu de los humildes, y para vivificar el corazón de los quebrantados"* (Isaías 57:15).

La cultura humana y perdida reina en nuestro medio

La historia humana tiene muchos ejemplos de dirigentes que son víctimas de sus propios intereses y su orgullo. El líder en cualquier iglesia puede caer víctima del mismo orgullo en diferentes grados. Estos estudios tienen como fin aclarar que Dios elige la humildad, la sumisión a él y la búsqueda del bienestar espiritual de los hermanos. La fuerza negativa de la cultura puede aparecer de varias maneras en la iglesia local.

La influencia de una familia grande con una trayectoria larga, la influencia de quien da más dinero, la popularidad de alguien que llegó recientemente, todos estos elementos pueden llegar a influir para mal. Por eso las verdaderas marcas del liderazgo bíblico se deben guardar con cuidado.

Además la historia de América Latina está repleta de grandes "caciques" o caudillos que agarraron el poder, manejaron a las masas buscando sus propios intereses y reinaron por décadas. Luego, se enriquecieron a costa de sus súbditos y, la mayoría de las veces, dejaron el país por el suelo.

Para ilustrar esto, basta con echarle una mirada a la historia de América Latina: México, Antonio López de Santa Ana (1824-1844); Cuba, Fidel Castro (1959-?); República Dominicana, Rafael Trujillo (1930-1960); Nicaragua, Anastasio Somoza (1933-1960); Ecuador, Gabriel García Moreno (1860-1895); Venezuela, Juan Vicente Gómez (1908-1935); Argentina, Juan Manuel de Rosas (1829-1852). Y hay más ejemplos.

Toda esta historia sólo para ilustrar que el líder humano, sea de cualquier cultura que fuere, es muy dado a promoverse y dejar que el orgullo lo domine. Debido a esta tendencia, el líder bíblico latinoamericano o cualquier líder cristiano tiene que luchar contra aquello que es ajeno a Dios en la cultura que nos bombardea constantemente. Estos estudios van a ilustrar cómo poder salir avante en este medio.

Dios introduce a su Hijo bajo dos figuras contrarias: el León y el Cordero

De estas dos figuras literarias, el león y el cordero, ¿cuál figura nos parece más impresionante? Sin duda optamos por el león que es el rey de los animales. El reino de Dios es legítimo; Dios es Rey supremo. Pero no reinará por *"fiat"* (por decreto solamente) ni por orden ejecutiva. Sí que reinará en gracia y en amor aun sobre aquellos que se rebelaron contra él.

Por primera vez Dios introduce la tribu de Judá como león. *"Judá, te alabarán tus hermanos;*

... Así como león viejo: ¿quién lo despertará? No será quitado el cetro de Judá, ni el legislador de entre sus pies, hasta que venga Siloh; y a él se congregarán los pueblos" (Génesis 49:8-10). Dios escogió la tribu de Judá como la tribu real y sólo de Judá podría venir el rey aprobado por Dios. Así David y Salomón llegaron a ser antecesores del Mesías.

En la providencia de Dios él iba a empezar a tratar con su mundo, no por la realeza del Mesías como rey o león, sino como el Cordero inmolado. *De esta manera Dios lograría su propósito eterno de salvar a los suyos.* Primero el Cordero y luego el León de la tribu de Judá. Dios combina las dos figuras, pero los judíos malentendieron el plan divino y rechazaron al Cordero.

El Hijo del Hombre vendría como hombre puesto en muerte sacrificial. Lo salvaría, lo transformaría y luego reinaría en amor y gracia divina. El salvado de buena voluntad respondería a las misericordias. *Dios reinaría desde la Cruz*. La Cruz viene a ser la ventana por la cual conocemos al Dios de todo poder y santidad.

En la eternidad pasada irrumpió lo inescrutable del pecado en el cielo por el orgullo de Lucero (Isaías 14:4-23 - bajo el personaje del rey de Babilonia y el orgullo del querubín grande en Ezequiel 28: 12-19 - bajo el príncipe de Tiro). Pero Dios respondió no por acabar con ellos por puro decreto. Sí que los condenó y los castigó; pero cuando nuestros padres los siguieron, lejos de aniquilarlos, Dios tomó cartas en aquello con el fin de salvarlos en amor y pura gracia.

Lo muy destacado de Dios es que en el momento justo de pronunciarle a Satanás su veredicto final le anunció a él y a nuestros padres el "protevangelium" o el primer evangelio. *"Y pondré enemistad entre ti y la mujer, y entre tu simiente y la simiente suya; ésta te herirá en la cabeza, y tú le herirás en el calcañar"* (Génesis 3:15). En un corto espacio muy comprimido predice la enemistad entre Sí y el diablo; pero habría un encuentro en el cual la simiente de Dios, Cristo mismo (Gálatas 3:16), vencería a Satanás. Aunque el diablo lo haría sufrir, no sería nada definitivo. En esto se ve la Cruz como el triunfo final de Dios en la resurrección de Jesús. El Cordero, no el León, ganaría la victoria.

El largo desfile de la sangre de los corderos de Génesis a Isaías

Desde Génesis cuatro, Dios introduce por oralidad (tradición oral) el valor de ofrecer en fe un cordero, un animal sacrificado en lugar del pecador culpable. Luego sigue el sacrificio de Abel, un sacrificio aceptable por fe (Hebreos 11:4); más tarde los sacrificios de animales limpios de Noé al salir del arca (Génesis 8:20); el altar de Abraham (Génesis 12:7) y el mandato de sacrificar a Isaac, el muy amado hijo seguido de la intervención muy a tiempo del Ángel de Jehová—es decir, Cristo pre encarnado (Génesis 22: 1-21); a estos le sigue el cordero pascual cuya sangre fue aplicada en la puerta mientras adentro lo comían con hierbas amargas, bastón en la mano y los pies calzados (Éxodo 12:1-13).

Pero el desfile de sangre continúa. En Levítico aparecen los cinco sacrificios u ofrendas (Levítico 1-7). Finalmente, Isaías 42, 49, 50, 52:13-53:12, el colmo de la larga línea de sacrificios, el del Siervo Sufriente *cuya alma fue puesta en expiación por el pecado* (Isaías 53:10). Por fin ahora no es un animal el que muere sino el Siervo Sufriente, Cristo mismo y su Cruz.

"He aquí el Cordero de Dios que quita el pecado del mundo" (Juan 1:29)

Al empezar Jesús su ministerio público, Juan, el Bautizador, su medio primo, lo anunció a todo el mundo como el Cordero de Dios que quita el pecado del mundo; en su bautismo Dios lo afirmó y descendió sobre él el Espíritu Santo como una paloma (Mateo 3:13-17).

Toda la abundante profecía del Antiguo Testamento halló el cumplimiento de su ministerio terrenal en la última pascua en que Jesús dijo: *"Ha llegado la hora para que el Hijo del Hombre sea glorificado... Ahora está turbada mi alma; y ¿qué diré? ¿Padre, sálvame de esta hora? Mas para esto he llegado a esta hora. Padre, glorifica tu nombre"* (Juan 12:23, 27, 28).

Jesús puso su faz como pedernal hacia la cruz. Bien había dicho: *"Por eso me ama el Padre, porque yo pongo mi vida, para volverla a tomar. Nadie me la quita, sino que yo de mí mismo la pongo. Tengo poder para ponerla, y tengo poder para volverla a tomar. Este mandamiento recibí de mi Padre"* (Juan 10:17,18).

En la consumación de las edades Dios pronunciará la palabra final

Desde la cruz el Hijo del Hombre ha reinado. Pablo escribe a los Corintios diciendo que reinará hasta que todos sus enemigos estén puestos debajo de sus pies. El último enemigo es la muerte. *"Pero luego que todas las cosas le estén sujetas, entonces también el Hijo mismo se sujetará al que le sujetó a él todas las cosas, para que Dios sea todo en todos"* (1 Corintios 15:25, 26, 28).

En el último drama del tiempo Juan nos presenta el escenario en el cielo. En el libro de Apocalipsis Juan menciona veintisiete veces el Cordero. El personaje preeminente del futuro ha sido quien murió en aquella cruz; él ha sido el vencedor.

Todavía queda un evento en espera. En Apocalipsis 5 Juan nos narra: *"Y vi en la mano derecha del que estaba sentado en el trono un libro escrito por dentro y por fuera, sellado con siete sellos... ¿Quién es digno de abrir el libro y desatar los sellos?".* No había nadie digno y Juan lloraba mucho. Pero *"uno de los ancianos me dijo: No llores. He aquí que el **León de la tribu de Judá**, la raíz de David, ha vencido para abrir el libro y desatar sus siete sellos"* (Apocalipsis 5:1, 2, 5).

En el resto de ese escenario futuro el Cordero toma el libro y desata los sellos y de allí en adelante los últimos eventos desastrosos se van cumpliendo. *Fue el Cordero y ahora el León que unen sus poderes.* Juan nos deja pasmados con el triunfo final del Cordero desde la Cruz. *"Y miré, y oí la voz de muchos ángeles alrededor del trono, y de los seres vivientes, y de los ancianos; y su número era de millones de millones, que decían a gran voz: El Cordero que fue inmolado es digno de tomar el poder, las riquezas, la sabiduría, la fortaleza, la honra, la gloria, la alabanza"* (Apocalipsis 5:11, 12). *¡A tal coro algún día, tú y yo agregaremos nuestra unánime voz!*

La Cruz es la maravilla y la obra maestra de Dios

Por lo tanto, todo lo que viene en nombre de Dios y el Hijo del Hombre tiene que conformarse a la Cruz, la plena expresión de la santidad de Dios, su amor y su gracia ilimitada. Además es Cristo en nosotros la esperanza de gloria. El Crucificado mora en el creyente desplazando la vida vieja caracterizada por el orgullo, el pecado original. El Postrero Adán crucificó al Primer Adán (Romanos 6:6).

Pablo, el Apóstol de la Cruz, introdujo en Corinto el evangelio con estas palabras: *"Porque la palabra* (mensaje) *de la cruz es locura a los que se pierden; pero a los que se salvan, esto es, a nosotros, es poder de Dios... pero nosotros predicamos a Cristo crucificado, para los judíos ciertamente tropezadero, y para los gentiles locura; mas para los llamados, así judíos como griegos, Cristo el poder de Dios, y sabiduría de Dios"* (1 Corintios 1:18, 23, 24).

Tal es nuestro mensaje. La lógica es que la cruz debe marcar todo paso que damos. Es la cruz en el glorioso plan de Dios la que forjó la obra salvadora y debe caracterizar a todo aquel que predica el mensaje del evangelio. Debemos ser la encarnación del mensaje de la Cruz. Esto es la base de los estudios que siguen.

Capítulo 2
CRISTO, EL MODELO SUPREMO DEL LIDERAZGO

Mateo 11: 20-30

Hoy día se habla mucho del liderazgo en la Iglesia del Señor. Se ha escrito y debatido desde varios puntos de vista. Por lo tanto, puede ser de beneficio reflexionar sobre un tema tan importante en el desarrollo de la obra de Dios. En este capítulo responderemos a preguntas como: ¿qué es el liderazgo? y ¿cómo funciona en la vida de la Iglesia, el Cuerpo de Cristo?

Dios estableció la Iglesia Invisible compuesta de todos aquellos que han sido justificados por el Cordero y, a la vez, ordenó la iglesia local que es la expresión --a veces imperfecta-- de la Iglesia Invisible. La iglesia local se aproxima a la Iglesia Invisible, pero corre el riesgo de incluir a los simpatizantes y a los profesantes junto con los verdaderos creyentes, los nacidos de nuevo.

Peligros presentes en el liderazgo latino

Ya que la iglesia local se encuentra en el mundo compuesto por distintas culturas, no se puede evitar el impacto tanto negativo como positivo de tal trasfondo. En América Latina es fuerte la realidad del síndrome del "caudillo" o "cacique", quienes históricamente han ejercido una influencia en demasía en la política de los países latinos. Es fácil que se transfiera directamente tal sistema del liderazgo a la iglesia local. La cultura lo favorece mucho.

Otra tendencia en las iglesias del norte de América es el patrón del mundo de los negocios. Según muchos dicen, si el liderazgo de la mercadotecnia resulta en buenos números, debe funcionar también en la iglesia. Las cifras, las mega-iglesias, la fama del pastor y el evangelista carismático, todo constituye una influencia muy fuerte. Pero la pregunta para contestar es: ¿cuál es el patrón o el molde bíblico que Dios reconoce y bendice?

Se oyen mucho y con buena razón expresiones que hablan acerca de que como va el dirigente o líder, así va la iglesia, ya sea en el hogar, el matrimonio o cualquier relación que Dios ordena. Si es verdad, vale la pena esta nueva serie la cual propone lo siguiente:

Liderazgo desde la cruz - Principios bíblicos

En la vida de Jesús, al dar tres mandatos (uno es invitación) - Mateo 11:25-30.

En Pablo, con respecto a Jesús en la encarnación - Filipenses 2: 5-11.

En Juan, cuando presenta a Jesús y su enseñanza en el aposento alto - Juan 13:1-20.

En Pedro, como apóstol con respecto al líder de la iglesia local - 1 Pedro 5:1-11.

Personajes que ilustran el cómo llegar a ser líder frente a su realidad

Enoc, quien anduvo con Dios - Génesis 5:22-24; Hebreos11:5, 6; Judas 14, 15.

Moisés, frente a dos críticas muy severas - Números 12:1-16; 16:1-50.

Josué, ante el pecado escondido de Acán - Josué 5-7.

Nehemías, que maneja el arma de la oración frente a la oposición – Nehemías.

Isaías, después de haber sido profeta y el encuentro con Jehová - Isaías 6:1-12.

Daniel, con su integridad espiritual en su mundo muy ajeno – Daniel.

Mi meta en esta serie es analizar el liderazgo de Jesús, el maestro por excelencia. No existe la manera de mejorar tal ejemplo; además es él quien vive en el creyente y producirá las mismas cualidades que manifestó tan claramente en medio de su propia situación contraria. Primero veremos a Cristo mismo como lo dijo en Mateo 11; Pablo lo elabora entre los creyentes en Filipenses; Juan recuerda la noche antes de la crucifixión, y Pedro lo aplica en la iglesia local.

Después de hacer el estudio expositivo de estas porciones, veremos cómo el Espíritu Santo en el Antiguo Testamente condujo el proceso del quebrantamiento, el mensaje de la Cruz. Estos personajes *"sujeto (s) a pasiones semejantes a las nuestras"* llegaron a ser ejemplos del verdadero liderazgo, ya sea del Antiguo Testamento o del Nuevo. Haremos unas aplicaciones bien prácticas para mostrar el cómo que opera en nosotros y la vida resucitada de Cristo.

Dos advertencias oportunas

Quien busca en esta serie sólo una nueva técnica, un nuevo programa, o una nueva estrategia psicológica saldrá decepcionado. Lo esencial del liderazgo no es lo que se hace sino lo que se es. El dirigente no nace, sino que se hace como barro en las manos del alfarero. El liderazgo se forja en la prueba, la humillación, en la obediencia y por la fe en la Palabra de Dios.

Cuando escribo del líder y el liderazgo, no me refiere sólo al pastor, al evangelista, al anciano o al diácono, quienes tienen ciertas responsabilidades en la iglesia local. **Me refiero a todo creyente en su mundo alrededor.** Puede ser el esposo que dé ejemplo a su esposa y a su familia. Puede ser la esposa que viva el ejemplo de Cristo frente a los hijos. Puede ser un hijo o una hija que haga brillar su ejemplo en su propio campo de acción. Cada creyente tiene su campo de acción, su ambiente donde puede brillar para Cristo. **El liderazgo bíblico no es más que Cristo viviendo en el creyente.** *"Para mí el vivir es Cristo"*, dijo Pablo (Filipenses 1:21).

Mateo nos introduce a Cristo y "la vida cristiana normal" (Mateo 11: 20-30)

Para poder apreciar este pasaje en Mateo, hay que volver al contexto. Acababa Jesús de recorrer las ciudades más cercanas donde vivía: Corazín, Betsaida y Capernaum (11:20-24). Sus palabras las condenaban fuertemente, pues en la misma presencia del Mesías rechazaban tanto el mensaje como los milagros de Jesús. Con palabras sorprendentes decía: Más tolerable en aquel día del juicio final será la suerte de Sodoma y Gomorra que la de estas infames ciudades. Oír la verdad y no recibirla es merecer el juicio de Dios.

La Oración de Jesús a su Padre (Mateo 11:25-27)

Aunque sabemos que Jesús era hombre de mucha oración, ésta es una de las pocas veces que tenemos la oración misma, breve pero bien directa y por eso importantísima. *"Te alabo, Padre, Señor del cielo y de la tierra, porque escondiste estas cosas de los sabios, y de los entendidos, y las revelaste a los niños. Sí, Padre, porque así te agradó"* (Mateo 11:25, 26). Esta oración está hecha en unas treinta y tres palabras. En breve, dice que la verdad no la entiende el religioso, ni el oidor o el merecedor sino los "niños". La figura de los infantes es usada por Jesús para enfatizar la fe sencilla, la aceptación y la obediencia de ellos.

Tal principio fundamental confunde a los sabios y pone al revés el sistema del mundo religioso. Basta decir: *"porque así te agradó".* Isaías dice lo mismo en palabras tan elocuentes: *"Porque mis pensamientos no son vuestros pensamientos, ni vuestros caminos mis caminos, dijo Jehová. Como son más altos los cielos que la tierra, así son mis caminos más altos que vuestros caminos, y mis pensamientos más que vuestros pensamientos"* (Isaías 55:8, 9).

De la misma manera Isaías dice: *"Porque así dijo el Alto y Sublime, el que habita la eternidad, y cuyo nombre es el Santo: Yo habito en la altura y la santidad, y con el quebrantado y humilde de espíritu, para hacer vivir el espíritu de los humildes, y para vivificar el corazón de los quebrantados"* (Isaías 57:15). Dios mismo está accesible a quien oye la verdad, pero siempre y sólo bajo las condiciones que él mismo pone —la humildad y el arrepentimiento de *"los que están trabajados y cargados".*

Quien recibe humilde a Jesús conocerá la intimidad del Padre mismo (Mateo 11:27)

Pero en esta introducción Jesús agrega una verdad sorprendente. Sus vecinos lo rechazaron, pero a los "niños," a los humildes, a los "pobres en espíritu" se les revelaba a sí mismo. En torno Jesús revela una cadena de privilegios o recompensas inesperados. *"Todas las cosas me fueron entregadas por mi Padre; y nadie conoce al Hijo, sino el Padre, ni al Padre conoce a alguno, sino el Hijo, y aquel a quien el Hijo lo quiera revelar"* (Mateo 11:27).

El versículo 27 de Mateo muestra una declaración profunda. Quien me recibe y abre su corazón a mi enseñanza llegará a conocerme a mí, tal como yo conozco a mi Padre. El que me recibe le conocerá también a él. De esta manera el simple creyente llega a conocer la intimidad del Hijo y la del Padre: todo está abierto al "niño", al menos capacitado, según dice el mundo religioso.

Todo lo que sigue en la invitación tan bien conocida y el desarrollo de la vida cristiana normal en Mateo 11:28-30 procede sobre esta base de una actitud del "niño", del quebrantado, del humilde y del contrito. Dios está siempre al alcance sólo de *"los trabajados y los cargados"*. **Ésta es la vida cristiana normal,** según Watchman Nee, el famoso autor chino que pagó el precio supremo en la cárcel en China."

¿Qué tiene que ver todo esto con el liderazgo? Mucho y en muchas maneras. No a los grandes teólogos ni a los sabios se les revela Dios, sino a los quebrantados de corazón. Éste es **el mensaje de la cruz**. Éste es el proceso de forjar a líderes y empieza desde el primer paso dado y no cambia hasta que Dios llega al final. No es como el mundo prepara al líder, siempre teniendo en mente la educación, la tecnología, la experiencia, según los principios de la burocracia. No cabe lugar en la vida cristiana el líder que quiera realizarse a sí mismo, aquel que busca desarrollar sus talentos y sus dones por su propia cuenta.

Una perspectiva más balanceada frente a los dones del líder

Mucha de la enseñanza sobre los dones del Espíritu que en los años recientes ha afligido a la iglesia procede sobre una base falsa, no de la base de Jesús y de la verdad libertadora del Evangelio. No se trata de negar la verdad de los distintos dones de Efesios 4; Romanos 12; 1 Pedro 4 y 1 Corintios 12-14. Pero Pablo, previendo el posible abuso de los dones, precisamente pone 1 Corintios 13, el capítulo del amor, entre el trato de los dos dones, la profecía y el hablar en lenguas, ambos a veces controversiales.

No es el ejercicio mismo de los dones sino la motivación de dónde sale el verdadero don que edifique a la iglesia del Señor. La motivación es del Cristo que vive en el creyente quebrantado, contrito, conocedor de la Cruz y la obra de la Cruz.

Nunca me olvido del consejo de L. E. Maxwell, dirigente de Prairie Bible Institute en Three Hills, Alberta (Canadá), mi mentor y maestro. Él mencionaba constantemente el ejemplo de esta bendita verdad de la Cruz, nos decía: "No leas sólo la palabra "amor o caridad", repetida muchas veces en la primera epístola a los Corintios 13, sino que se debe leer así: **Cristo en mí es sufrido, Cristo en mí es benigno; Cristo en mí no tiene envidia, Cristo en mí no es jactancioso, Cristo en mí no se envanece, etc.**" ¡Cómo ese cambio de palabras cambia el rumbo de la controversia de quien es el más espiritual o cuál es el mejor don, el más espiritual, el más buscado por el ayuno y la proyección psíquica!

¿Cuál es la raíz del problema del liderazgo hoy día? Respuesta: el orgullo humano

Esta serie sobre el liderazgo bíblico volverá vez tras vez al mismo problema. No nos sorprende la raíz, ya que fue el primerísimo pecado en los cielos y el primero en el Huerto de Edén. Sólo la Cruz a final de cuentas trata con tal problema y lo trata positivamente en nuestra porción: *"Aprended de mí, porque soy manso y humilde de corazón"* (Mateo 11:29).

El contexto nos prepara para tal verdad al ilustrar gráficamente el ejemplo del orgullo y la confianza egoísta de Corazín, Betsaida y Capernaum (Mateo 11:21-24) que en lugar de ser los primeros en aceptar al Mesías, lo desconocieron. No creyeron en él. En la corta oración al Padre, Jesús destaca la razón. No es el oír ni ver sino la fe del "niño" la que le hace entrar al creyente en una relación íntima con Jesús y, por consiguiente, con el Padre mismo. Jesús aclara esta acción por el Padre en términos más fuertes al decir: *"Te alabo, Padre, Señor del cielo y de la tierra, porque escondiste estas cosas de los sabios y los entendidos, y las revelaste a los niños"* (v.25). No es tanto que estos sabios no pudieran entender sino que Dios a propósito les esconde esta verdad, un principio tan básico de su persona. No pudo él transigir o acomodar esta verdad fundamental para complacer al ser humano. Dios es Alto y Sublime (Isaías 57:15) y se revela sólo a los contritos y a los quebrantados de corazón.

Observaciones por hacer en esta introducción al liderazgo bíblico

1. La nueva serie tiene por propósito aplicar el liderazgo bíblico muy ampliamente a todo creyente en su propio campo de acción: pastor, anciano, diácono, padre, madre, esposo, esposa y joven.

2. El liderazgo no se ve tanto en el hacer sino en nuestro ser delante de Dios.

3. El modelo exclusivo es Jesús en su encarnación y ministerio ante sus discípulos, el mundo, sus enemigos y, sobre todo, ante su Padre celestial.

4. La introducción nos presenta de manera anticipada los principios realizados en Jesús, aplicados por Pablo, Juan y Pedro, pero vistos en acción a través de los santos del Antiguo Testamento.

5. Aunque la porción por estudiar Mateo 11:28-30 es la gran invitación para hallar pleno descanso en Cristo, el contexto ubica esas verdades en la única manera de acercarse

a Dios o en la salvación inicial o en *"la Vida cristiana normal"* (Watchman Nee) en cualquier momento.

6.　　La verdad fundamental con respecto al verdadero liderazgo es el Mensaje de la Cruz, que es la única manera de neutralizar la Némesis (enemigo) del orgullo/soberbia humano.

7.　　*"Aprended de mi, que soy manso y humilde de corazón;"* Cristo destaca dónde debemos empezar y a quién seguir.

Capítulo 3
CRISTO, EL MODELO SUPREMO DEL LIDERAZGO (2)

La promesa de un verdadero descanso en Dios
Descanso o agotamiento / quemarse "burn out"
Mateo 11: 28-30

Introducción

En nuestro tiempo, hay un fenómeno bastante común entre los líderes espirituales: el siervo quemado o agotado, en inglés se le llama *"burn out"*. Esto se refiere a un profundo decaimiento psicológico, una depresión que resulta en el deseo de 'tirar la toalla' y, a veces, una caída espiritual e incluso moral. Puede haber una causa física o hereditaria en semejante condición. Si es así, vale la pena buscar ayuda profesional. No obstante, muchas veces la causa de tal fatiga espiritual es que tratamos de hacer la obra de Dios usando sólo los escasos recursos de la carne, no los abundantes recursos del Espíritu Santo.

El líder, en repetidas ocasiones, se deja llevar por la carne, y esto no agrada a Dios (Romanos 8:5-8). Cristo mismo dijo: *"Separado de mí nada podéis hacer"* (Juan 15:5). En la porción bíblica con la que iniciamos este capítulo, Cristo ofrece el remedio: *"Venid a mí.. llevad mi yugo sobre vosotros, aprended de mí, que soy manso y humilde de corazón" (vv.28-30).* **Para el verdadero líder humilde, hay un descanso prometido en el simple hecho de venir a él y un descanso realizado en llevar el**

yugo y aprender de él. Cristo en nosotros es la garantía de nuestro reposo.

En el primer estudio observamos que Mateo expone la Gran Invitación a aquellos que están "trabajados y cargados" (Mateo 11:28-30), todo esto en un contexto en el que denuncia a ciudades como Capernaum, que rechazaron tanto sus milagros como su enseñanza. Luego sigue una breve oración a su Padre Celestial en la cual Jesús subraya que la verdadera revelación de la verdad se le da sólo a los "niños", es decir, no a los orgullosos.

Es bueno saber que tal recepción de la verdad lleva al "niño", vale decir al que es humilde, hasta el Hijo, quien a su vez lo introduce al Padre mismo. Esa bendecida intimidad está al acceso de todos los que vienen de manera receptiva y obediente. Para tal aceptación existen las condiciones definitivas, que a la postre resultan en el reposo espiritual o en la victoria en Cristo.

El peligro de "burn out" o el decaimiento y el desánimo en el liderazgo

Para el tema del liderazgo, la verdad del reposo en Cristo es de mayor aplicación. "Burn-out", decaimiento o "quemarse" es una condición que aflige a todo creyente que trate de servir a Dios en la energía de la carne. Y no es de extrañarnos, pues afligió hasta al mismo Pablo como podemos apreciar en Romanos 7:24: *"¡Miserable de mí! ¿quién me librará de este cuerpo de muerte?"* **Nuestra porción bíblica (Mateo 11:28-30) nos extiende la invitación de Jesús tanto de acercarnos a él en la salvación inicial como en acercarnos a él <u>todos los días</u> en los momentos de crisis ministerial.**

Una aclaración importante: ¿una entrada inicial o una actitud constante?

Por mucho tiempo pensé que Mateo 11:28-30 era sólo una invitación genuina para recibir la vida eterna con unas directrices de cómo llevar la vida cristiana. Y en realidad **lo es**, pero tiene una aplicación constante al creyente que debe acercarse al reposo, a Cristo. Él es el reposo por excelencia.

Este acercamiento diario debe ser con *una actitud* constante de buscarle en todo momento de la vida. *"Acerquémonos, pues, confiadamente al trono de la gracia, para alcanzar misericordia y hallar gracia para el oportuno socorro"* (Hebreos 4:16). En las aflicciones de la vida y el servicio cristiano tenemos que mantener una entrada a cada momento para sacar las fuerzas y evitar el desánimo y el "burn out", hoy tan común entre los cristianos.

Aprovechemos el contexto donde Dios y su Hijo nos invitan tal como somos a un descanso en Cristo que nos alivia de nuestro estrés y fatiga. Solo Cristo que vive en nosotros por el Espíritu Santo basta para mantenernos fieles y gozosos en medio del trajín de la vida y el servicio cristiano. En estos momentos, cuando llego al año sesenta y dos de ministerio desde mi primer pastorado en Winnipeg (Canadá), he probado esta gloriosa verdad. Es gozo servir a Cristo. Hay descanso en el Mensaje de la Cruz.

El primer mandato: "Venid a mí, todos los que estáis trabajos y cargados" (Mateo 11:28)

No hay palabra más sencilla que la palabra "venir". Cuántas veces hemos oído la frase "ven acá", expresada en los labios de nuestros padres como una invitación para que nos acercásemos a ellos. Desde los primeros pasos más inciertos que dábamos, nuestros padres nos respondían con gusto. Nos abrazaban con una sonrisa, contentos de que ya diéramos los primeritos pasos. No les importaba cómo llegáramos a ellos, nos recibían y nos agarraban.

¡Cuánto más nuestro Padre celestial recibe a sus *"niños"*! De la misma manera, la invitación sincera que Jesús extiende es tanto al primer paso dado de la fe salvadora, como también a la más reciente acogida en medio de las pruebas de la vida. Jesús siempre está allí para recibirnos.

Pero hay un factor muy importante. Sólo los *"trabajados y cargados"* son recibidos por Dios. Esto quiere decir los arrepentidos, los que no confían en sí mismos (2 Corintios 1:9; Filipenses 3: 3). El primer verbo es activo, es un acto en sí «ven»; el segundo es un participio, una condición «trabajados y cargados», abarcando todo el ámbito de la vida.

Sólo a quienes llegan en esa condición, trabajados y cargados, él los recibe para darles el descanso, ya sea de quienes buscan que sus pecados sean perdonados o a los que van tras nuevas fuerzas para seguir adelante. Por eso Corazín, Betsaida y Capernaum (11:21-24) por ser tan inteligentes y sabios no entendían su mensaje. Tantos los fariseos como los saduceos no entendían su mensaje, ni mucho menos se acercaban a él.

Dios no tiene nada que decir al orgulloso, al soberbio. Es esa verdad básica que se aplica tanto al que busca la salvación sobre las bases de sus méritos como al creyente que quiera servir a Dios por la conveniencia personal o la buena fama. Dios sólo se revela (11:25, 26) y *les hará descansar* por su gracia a los necesitados, los que no tienen recursos propios (11:28).

Esta verdad la sabemos muy bien con respecto al incrédulo. Pero el creyente necesita entender urgentemente que sólo los quebrantados de corazón son aquellos a quienes Dios les da este reposo. Únicamente ellos pueden descansar en Cristo como el todo en todo de su vida y su servicio en su nombre.

Si Dios no reduce al incrédulo a la nada, no lo salva; de igual manera si no nos reduce a depender sólo de él, no hay tal reposo que prevenga el desánimo y el "burn out". Sólo a los pobres de espíritu Dios les da su bienaventuranza (Mateo 5:3-12). El Sermón del Monte recalca esta verdad que veremos a través de este estudio. Es el Mensaje de la Cruz, nada más ni nada menos.

El segundo mandato: "Llevad mi yugo sobre vosotros" (Mateo 11:29a)

El **quebrantado de corazón,** o sea el incrédulo que cree en Cristo tanto como el creyente de muchos años, tiene que llevar el yugo (tomar su cruz en otro texto - Mateo 16:24; Marcos 8:34; Lucas 9:23). No hay otra opción. Cristo insiste en que los que reciben su descanso lleven su yugo y tomen su cruz. Pero agrega luego: *"Mi yugo es fácil y ligera mi carga"* (11:30). No nos pide lo que él no nos suple. No hay nada que temer. Pero sólo los quebrantados entienden qué suave es su descanso en medio del torbellino de la injusticia y los ataques del enemigo que arremete contra nosotros cuando servimos de todo corazón al Señor.

Note otra vez la repetición tan frecuente de este principio de la sumisión y la fe que depende sólo de él. Toda la respuesta divina gira alrededor de ese principio. Tal principio no le cae bien a nuestra carne, el viejo hombre. Por eso regresemos a la Cruz para saber cómo Dios lo juzgó de una vez para siempre. Regreso a mi verso favorito: *"Sabiendo esto, que nuestro viejo hombre fue crucificado juntamente con él, para que el cuerpo del pecado sea destruido* (cancelado o anulado)*, a fin de que no sirvamos más al pecado* (es decir, ese viejo hombre confiado en sí)*"* (Romanos 6:6).

No me canso ni pido disculpas por regresar a lo que Cristo hizo en la cruz. Sólo nos toca decir: "Amén, Señor, acepto con gratitud el fin de mi vida vieja". En tal actitud de corazón llevar la cruz no es ni difícil y ni pesada carga. No hay tal sustituto para esta verdad. Si esta verdad no se acepta de todo corazón, las batallas nos van a derrotar, nuestras escasas fuerzas nos fallan y el liderazgo en nuestro campo traicionará a Jesús. Si esta verdad no se acepta de todo corazón, el resultado es el agotamiento y la decisión de "tirar el toalla".

El tercer mandato: "Aprended de mí, que soy manso y humilde de corazón" (Mateo 11:29b)

Venimos ahora al punto clave. **"Venid a mí"** marca la invitación, el **acto** de fe que llega y la **actitud** que debemos mantener. **"Llevad mi yugo"** significa tomar la cruz, andar al compás de él en la obediencia. **"Aprended de mí"** nos reta a ser aprendices mayormente en el área de la mansedumbre y la humildad. En estos tres mandatos Jesús puntualiza lo esencial del liderazgo bíblico. El hecho de que Jesús se describe a sí mismo en estas dos virtudes tiene que poner muy en claro que éstas son las áreas de nuestra mayor debilidad, si no el pecado más apegado a nuestro ser.

Cristo presenta la vida como un constante aprender; no termina porque nunca alcanzamos la plenitud de su santidad. El aprendiz reconoce sus faltas, su necesidad de desarrollar su potencial. Su actitud es una de sumisión, humildad, una mente receptiva, en breve, barro en manos del alfarero. Lo más lejos es la soberbia y la confianza en sí mismo.

Es interesante que Jesús no se describa a sí mismo en términos de su sabiduría infinita, su autoridad sobre Satanás, ni en su poder de realizar hazañas en la creación y milagros de sanidad. Pone el dedo en la llaga del creyente al identificar la lección más urgente que tenemos por aprender. Jesús lo hace con buena razón. ¿Cuál fue el pecado original, el primero que irrumpió en el cielo y creó al diablo mismo? ¿Cuál fue el pecado que tornó el cielo en un infierno futuro? Lucero se contempló y se rebeló contra Dios; la esencia del pecado es el orgullo (Isaías 14:4-23; Ezequiel 28:11-19).

Juan el Bautizador lo expresa gráficamente: *"Y ya también el hacha está puesta a la raíz de los árboles; por tanto, todo árbol que no da buen fruto es cortado y echado en el fuego... el que viene tras mí, cuyo calzado yo no soy digno de llevar, es más poderoso que yo; él os bautizará en Espíritu Santo y fuego"*

(Mateo 3:10, 11). La obra de Cristo en la cruz trató de una vez y para siempre con ese mal que contagia a cada ser humano.

El mismo Juan al verlos abandonar a sus discípulos, lo puso en palabras tan claras: *"El que tiene la esposa, es el esposo; mas el amigo del esposo, que está a su lado y le oye, se goza grandemente de la voz del esposo; así pues, este mi gozo está cumplido. Es necesario que él crezca, pero que yo mengüe"* (Juan 3: 29,30).

Sólo Cristo y nuestra muerte al pecado puede anular el poder del viejo hombre, manifestado en el orgullo humano (Romanos 6:1-14). El líder más que nadie necesita apropiarse de esta muerte, porque el liderazgo promueve fuertemente el orgullo secreto. Sin darse cuenta es tan fácil vivir por la fama de su nombre, su autoridad, sus talentos, sus derechos y el control que puede ejercer sobre otros. Hay que soltar lo mío para recibir lo de Cristo. No hay ningún sustituto para esta verdad. Nos cae extraño y difícil pero nos libera.

Una distinción importante: "os hare *descansar…* y hallaréis *descanso para vuestra almas"*

Si se lee la versión española con cuidado se notará que Cristo usa un solo verbo pero con dos diferentes construcciones gramaticales con un matiz que debemos captar. Es muy significante. Al venir a él en simple fe nos hace descansar, nos otorga un descanso permanente. La idea del verbo es hacer cesar, refrescar, dar alivio. Esto es una condición que nos garantiza la aceptación delante de su Padre (véase 11:27).

Podemos decir que esto se refiere a la justificación: aquel "fiat" u orden jurídica que nos declara tan justos como Cristo mismo, perdonándonos nuestros pecados y dándonos un estatus, una posición inalterable ante el juez justo. El *"os haré descansar"* es un hecho respaldado por el Juez justo sobre la base sólo de la muerte vicaria de su amado Hijo.

Pero el verbo traducido en español "hallaréis descanso" afirma que **el descanso es alcanzado o el descanso es hallado.** Puede haber una gran diferencia en la vida del creyente entre el dado y el hallado. El descanso dado estriba en el venir en fe de una vez y el descanso hallado estriba en el llevar el yugo y aprender de él en la humildad.

Viene siendo un andar por realizar el descanso bajo las condiciones de tomar la cruz y seguir aprendiendo de él. En otras palabras, Cristo dice en las palabra de Pablo, muriendo con Cristo y dejando que la Cruz, ese veredicto divino con respecto a nuestro «yo», vaya tomando lugar constantemente en el andar del creyente. **Esto es el proceso de la formación del verdadero líder.** Es un andar diario muy cerca del maestro caracterizado por esas virtudes que lo destacaron, la de la mansedumbre y la humildad. ¡Qué tremenda lección por aprender para cada líder! No importa cuál sea su campo de acción.

Debemos mirar más de cerca las cualidades de Jesús: la mansedumbre y la humildad. Ambas virtudes no eran nada comunes ni admirables en la cultura griega. Eran en cierto sentido virtudes por esquivar. Pero el evangelio las subió a un lugar no conocido antes en la cultura pagana. Es decir, no existían esas virtudes a parte de lo que Cristo pudiera traer al ser humano.

La palabra *manso* quiere decir: gentil, dulce, apacible. Toca más el carácter interior ante Dios, pero manifestado en una ecuanimidad, bondad para con todos con quienes se trata. Alguien ha dicho que la mansedumbre no es la debilidad de carácter sino la fuerza del carácter bajo el control de Dios. Moisés fue el hombre más manso en el Antiguo Testamento (Números 12:3).

La *humildad* trae la idea de lo bajo, lo pequeño, la criatura ante el Creador. Nos vemos como lo que somos en presencia de Dios. Es la gracia de la humildad que atrae al *"Alto y Sublime que habita en la altura y la santidad, y con el quebrantado y humilde de espíritu, para hacer vivir el espíritu de los humildes, y para vivificar el corazón de los quebrantados"* (Isaías 57:15).

Lecciones por excelencia que debemos aprender de parte del maestro

1. La invitación de venir a Jesús es genuina y nos garantiza alivio y aceptación ante su Padre y, a la vez, nos introduce a la misma intimidad de la Trinidad (11:27).

2. El descanso dado es seguido del descanso hallado con base en tomar la cruz y aprender de él.

3. El área del aprendizaje del líder es la mansedumbre y la humildad y no el desplegar nuestro «yo», ni talentos, ni dones aun dados por Dios, mucho menos es el control que podemos ejercer sobre otros.

4. Jesús describe su yugo como algo bueno, sano, y servicial, nada por evitar.

5. Las cualidades de Jesús deben ser la meta de cada líder que desee servir en su nombre. No cabe el "caciquismo" ni "caudillismo" tan común en nuestra cultura.

6. Dios no puede premiar de ninguna manera el egoísmo en el creyente; no importa que sea mínima su manifestación.

7. Pero Cristo, el manso, el humilde de corazón, vive en nosotros y no lo queremos ofender nunca al introducir lo viejo en lo nuevo.

Capítulo 4
PABLO EXALTA LA ENCARNACIÓN DE JESÚS

El Espíritu de la encarnación -- la humildad mantiene la unidad
Filipenses 2:1-11

Introducción

Ya hemos dicho que Jesús mismo ofrece el descanso tanto al que llega por primera vez (la justificación) como al que siempre llega para mantener esa comunión (la santificación). El descanso hallado en Cristo previene al líder de "quemarse", el agotamiento. *"Venid a mí los que estáis trabajados y cargados... llevad mi yugo... y aprended de mí que soy manso y humilde de corazón"* (Mateo 11:28, 29).

Dos cosas que vale la pena resaltar: 1) sólo los menesterosos, los quebrantados de corazón son recipientes de su descanso divino. No admite nunca al egoísta y al confiado en sí mismo; 2) el área del aprendizaje crucial consiste en despojarse del orgullo y aprender la humildad. Tales condiciones garantizan el reposo o «sabatismo» que el autor de Hebreos promete a sus lectores vacilantes. *"Queda un reposo para el pueblo de Dios"* (Hebreos 4:9). En breves palabras, la santificación, nuestra unión con Cristo, es el único antídoto contra el desánimo y el quemarse o *"burn out"*.

El liderazgo y la humildad son cruciales para mantener la unidad

A primera vista no hay mucha conexión entre el liderazgo y la unidad. Pero veremos que el liderazgo en la carne siempre resulta en la desunión y la separación entre los hermanos. El líder carnal establece su "reinado"; busca la manera de controlar y manipular a los seguidores de Cristo para sus propios intereses.

Pablo hacía frente al liderazgo carnal en las iglesias de Galacia. *"¿Me he hecho, pues, vuestro enemigo, por deciros la verdad? Tienen celo por vosotros, pero no para bien, sino que quieren apartaros de nosotros para que vosotros tengáis celo por ellos"* (Gálatas 4:16, 17).

El verdadero liderazgo fomenta y promueve siempre la unidad del cuerpo de Cristo. Debemos tomar muy en cuenta que el líder queda sujeto a la Cabeza de la Iglesia y tal Cabeza se interesa muchísimo en el bienestar de todo el cuerpo. Herir a un miembro del cuerpo es herir a la Cabeza.

No resulta muy serio el liderazgo que busca sus propios fines y, en su egoísmo, divide el cuerpo de Cristo. Muchas veces la división tan común en las iglesias hoy en día tiene como base el orgullo y la búsqueda de seguidores. El líder bíblico no busca a los seguidores con propósitos personales, sino sólo con el fin de introducirlos a la Cabeza misma.

El planteamiento de Jesús frente al liderazgo secular contra el espiritual

Hacia el fin de su ministerio el Señor hizo frente al deseo de sus propios discípulos de ser el primero, el "mero mero". Santiago y Juan con su madre pidieron trato muy especial para sí mismos. Los demás se enojaron porque ellos tenían el mismo deseo. Nuestro Señor planteó esta verdad básica en este contexto: *"No sabéis lo que pedís. ¿Podéis beber del vaso que yo he de beber, y ser bautizados con el bautismo con que yo soy bautizado? Y ellos le dijeron: Podemos"* (Mateo 20:22). Locamente dijeron que sí porque no entendían nada del costo de su muerte o su quebrantamiento.

Ahora viene la verdad clave del liderazgo: *Sabéis que los gobernantes de las naciones se enseñorean de ellas, y los que son grandes ejercen sobre ellas potestad. Mas entre vosotros no será así, sino que el que quiera hacerse grande entre vosotros será vuestro servidor, y el que quiera ser el primero entre vosotros será vuestro siervo; como el Hijo del Hombre no vino para ser servido, sino para servir, y para dar su vida en rescate por muchos"* (Mateo 20: 25-28). Tan importante es esta verdad que se repite también en Marcos 9:35 y Lucas 22:24-27. Quien no aprende esta lección se descalifica para ser líder entre sus hermanos.

Jesús y su encarnación vistos a través de los ojos de Pablo (Filipenses 2:1–12)

Para comprender mejor la vida de Pablo tenemos que volverlo a ver en su trayectoria pasada. Parece que Saulo de Tarso era un líder muy esforzado, y con ese talento humano el orgullo venía siendo una parte íntegra de su vida. Se esforzó por salir bien en su religión: *"Porque ya habéis oído cerca de mi conducta en otro tiempo en el judaísmo, que perseguía sobremanera a la iglesia de Dios, y la asolaba; y en el judaísmo aventajaba a muchos de mis contemporáneos en mi nación, siendo mucho más celoso de las tradiciones de mis padres"* (Gálatas 1:13, 14).

Pablo da su testimonio de los haberes en que antes se gozaba: *"circuncidado al octavo día, del linaje de Israel, de la tribu de Benjamín, hebreo de hebreos; en cuanto a la ley, fariseo; en cuanto a celo, perseguidor de la iglesia; en cuanto a la justicia que es en la ley, irreprensible"* (Filipenses 3:5, 6). Pero Pablo tuvo que "desaprenderse" de todo aquello y, después de ese proceso, con mucha razón hablaba más de la humildad y la mansedumbre que cualquier otro escritor bíblico.

La situación de la iglesia de Filipos

Pablo expresa mucho cariño por los filipenses, una iglesia cooperativa con él, con quienes introdujo el evangelio por primera vez en Europa (Véase Hechos 16:11-40). Pero si hubiera habido algún defecto en los hermanos, hubiera sido una tendencia hacia la desunión. Después de dar las sinceras gracias por su participación en el esfuerzo evangelístico (Filipenses 1:5), Pablo comparte su situación mientras está encarcelado en Roma y la suerte común de sufrir por Cristo (1:27-30).

El liderazgo de Pablo propende por la unión de la iglesia, es por esto que con tristeza y claridad dice: *"Ruego a Evodia y a Síntique, que sean de un mismo sentir en el Señor. Asimismo te ruego también a ti, compañero fiel, que ayudes a éstas que combatieron juntamente conmigo en el evangelio..."* (4:2, 3).

Si tomamos nota de algo importante, Pablo introduce la carta dirigiéndose a los obispos y a los diáconos o a los líderes de la iglesia (1:1). En cierto sentido les da la responsabilidad de mantener la unidad en medio de las tendencias contrarias. Al empezar el capítulo dos Pablo se mete en su afán por combatir el egoísmo, el orgullo sutil y el espíritu divisivo.

Por una serie de comparaciones muy positivas, Pablo les dice: *"Completad mi gozo, sintiendo lo mismo, teniendo el mismo amor, unánimes, sintiendo una misma cosa"*. Luego en forma negativa recalca: *"Nada hagáis por contienda o por vanagloria; antes bien con humildad, estimando cada uno a los demás como superiores a él mismo; no mirando cada uno por lo suyo propio, sino cada cual también por lo de los otros"* (2:2-4).

Para lograr el fin de unir a los filipenses, Pablo nos da en Filipenses 2:5-11 un pasaje Cristocéntrico sin par en todo el Nuevo Testamento. Sin embargo, su propósito no era el de dogma ni doctrina en lo abstracto sino en la práctica de la unidad espiritual.

Esto en sí es muy notable. No es la verdad en proposiciones ortodoxas sino la verdad encarnada y vivida en los quehaceres de la vida.

En Filipenses 2:5-11, Pablo no entra en aquellos detalles que los teólogos han venido debatiendo por muchos siglos, sino que el apóstol muestra su afán tanto para el obispo y el diácono como para Evodia y Síntique. La humildad debe caracterizar tanto al líder como al seguidor. Sólo de esa manera se garantiza la unidad y el ejemplo verdadero del dirigente.

La humildad divina en toda su gloria y magnificencia (Filipenses 2:6-11)

En la exposición de esta porción tan rica, no voy a tratar de sacar la verdad tan clara de su deidad absoluta. Esta verdad la creemos y la aceptamos sin cuestión alguna. Cuando *"se anonadó o se humilló a sí mismo"* (2:8), no dejó ni por un segundo su deidad eterna e integridad absoluta de ser la segunda Persona de la Trinidad. Siempre era y siempre será el Verbo eterno, el Cristo pre-encarado. El gran valor de esta porción es su aplicación cotidiana a nuestra manera de vivir como creyentes, como líderes o en el ambiente familiar de la casa, en el matrimonio, la iglesia, la escuela dominical o donde Dios nos ponga.

Investiguemos los elementos de esa decisión tomada desde la eternidad pasada. En primer lugar nuestra pobre mente no es capaz jamás de sondear la hondura de estos hechos. Tracemos estos sietes pasos hacia abajo:

1. *"El cual, siendo en forma de Dios"* (v.6). "Forma" quiere decir la manifestación indiscutible de la realidad. No tiene nada que ver con las formas variables. El Evangelio de Juan 1:1-3 afirma y establece esta realidad.

2. *"No estimó ser igual a Dios como cosa a que aferrarse"* (v.6). Su decisión fue voluntaria, no forzada, ni obligada. Costó el

precio de dejar las prerrogativas, los derechos innatos de ser Dios para tomarnos en cuenta. Esto se originó en él mismo.

3. *"Sino que se despojó a sí mismo"* (v.7). Renunció al uso de sus derechos legítimos y se vació de lo suyo por un acto supremo de su voluntad, bajo el mando de su Padre celestial.

4. *"Tomando forma de siervo, hecho semejante a los hombres"* (v.7). Esta condescendencia es para nosotros incomprensible ya que somos barro; él es el alfarero y creador que de la nada nos formó, estando nosotros muertos en pecado.

5. *"Y estando en la condición de hombre, se humilló a sí mismo"* (v.8). El misterio del Dios que se hizo hombre, milagro incontrovertible siendo hombre con todas las limitaciones, pero sin pecado (Hebreos 4:15). Las comparaciones aquí nos fallan: el hombre que se hiciese hormiga no se asemejaría nunca a tal comparación.

6. *"Haciéndose obediente hasta la muerte"* (v.8). Dios hombre optó por no obrar, ni hablar ni hacer nada que su Padre no obrara, hablara e hiciera. Llevó una vida totalmente bajo la obediencia más absoluta de su Padre celestial. Lo hizo de buena gana.

7. *"Y muerte de cruz"* (v.8). No había muerte más anatema ante Dios (Deuteronomio 21:23; Gálatas 3:13). Tal muerte era el epítome de la maldición de Dios. No fue la muerte ni de ejemplo ni de mártir, sino la muerte vicaria del Cordero de Dios (Juan 1:29).

Todo este resumen nos deja pasmados. Tal amor, tal entrega, tal compromiso por quienes éramos viles, enemigos, débiles. La Biblia nos lo recuerda cuando dice: *"Y a vosotros también, que erais en otro tiempo extraños y enemigos en vuestra mente, haciendo malas obras, ahora os ha reconciliado"* (Colosenses 1: 21). Todo lo anterior es la teología de la cruz, pero esto no es el enfoque de la porción; no es el dogma sino la praxis (práctica) que nos obliga a vivir ante Dios y ante nuestro prójimo.

El resultado de semejante humillación no puede ser menos que la exaltación final en toda la gloria que merece. *"Por lo cual Dios también le exaltó hasta lo sumo, y le dio un nombre que es sobre todo nombre, para que en el nombre de Jesús se doble toda rodilla de los que están en los cielos, y en la tierra, y debajo de la tierra; y toda lengua confiese que Jesucristo es el Señor, para gloria de Dios Padre"* (2:9-11). No puede haber más renombre después de tal humillación tan profunda, el Mensaje de la Cruz, primero la muerte, luego la resurrección y la ascensión.

La aplicación principal de esta obra maestra (Filipenses 2:5)

Todo lo que es de Cristo en su eternidad, su pre-encarnación, su encarnación y su muerte vicaria, ahora se aplica exclusivamente a nuestra manera de vivir y relacionarnos los unos con los otros. Tanto el líder con el seguidor, o viceversa, tiene que vivir bajo este ejemplo.

*"Haya, pues, en vosotros este sentir, que hubo también **en Cristo Jesús"*** (2: 5). Ahora viene algo que no había visto yo antes, pero da significado y sabor de manera muy llamativa. El texto original se presta no tanto a Cristo como ejemplo sino que esta verdad, *la verdadera humildad es ya producto de nuestra unión con Cristo*; el texto dice que hubo una conexión en tal unión en Cristo Jesús. Sí que Cristo es nuestro supremo ejemplo, queda en nuestras manos la posibilidad, la opción y la necesidad de seguirlo y dejarlo manifestarse en nosotros.

La humildad nos es una virtud imposible de producir e imitar. Se ve muy fea si tratamos de fingir la humildad. Pero Cristo que se humilló, se anonadó, ya vive en nosotros; nos toca dejar que él en nosotros produzca la misma reacción de negarnos a nosotros mismos, tomar nuestra cruz y seguirlo en el espíritu del crucificado (Lucas 9:23-24). Esto acompaña el consejo de Jesús:

"aprended de mí, que soy manso y humilde de corazón" (Mateo 11:28-30).

La etimología de la humildad es la de la bajeza; lo opuesto de la humildad es la altivez (2 Corintios 10:5). En estas dos posiciones podemos ver el espectro, la gama de lo espiritual y lo carnal. Cristo se bajó, Satanás quiso subirse. La Cruz es el trato divino para con la altivez en todo aspecto. Nos corresponde la humildad ante Dios porque somos bajos y él es "Alto y Sublime" (Isaías 57:15).

En el Mensaje de la Cruz aceptamos plenamente nuestra bajeza y se traduce en la buena voluntad de servir como esclavo a nuestro prójimo. La etimología de la mansedumbre es la de la ternura y la misericordia. La mansedumbre se refleja en la humildad ante Dios y luego en la mansedumbre hacia el prójimo. Cristo, el manso y humilde, lleva su vida en nosotros que andamos por la fe (Romanos 1:17).

Para el líder, éste debe ser el primer paso que lo califica para dirigir la obra de Dios. Sin esta humildad no puede haber bendición de Dios. Lastimaremos a los que nos rodean, lo cual Pablo nos llama a no hacer: *"Nada hagáis por contenida o por vanagloria; antes bien con humildad, estimando cada uno a los demás como superiores a él mismo; no mirando cada uno por lo suyo propio, sino cada cual también por lo de los otros"* (Filipenses 2:3, 4).

Lecciones por aprender de parte de Pablo en Filipenses

1. Jesús estableció el principio fundamental de la humildad. Pablo, antes un orgulloso fariseo, lo había aprendido bien y por eso exhorta a los amados filipenses.

2. Jesús puso en marcha este principio al dejar lo suyo, lo legítimamente suyo, y por eso puede exigir nada menos de los suyos.

3. La humildad no es producto del creyente imitando al ejemplo del Maestro. La carne no puede producir ni la humildad ni la santidad.

4. La humildad es la dinámica de Cristo que nos llevó a la cruz de una vez y produce en nosotros el espíritu que sirve de buena voluntad a los demás.

5. La humildad produce en el cuerpo de Cristo la unidad; el orgullo o la carne tanto en el líder como en el seguidor produce la desunión sectaria.

6. La humildad pone en acción la dinámica de la cruz; es la piedra de toque del evangelio. ¡Qué contradicción es predicar la cruz de manera orgullosa!

7. El líder verdadero va delante de los suyos habiendo aprendido de Aquel que es sobre todo "manso y humilde de corazón".

Capítulo 5
JUAN RECUERDA LA ÚLTIMA ENSEÑANZA DEL LIDERAZGO

La noche antes de su muerte, Jesús lavó los pies a los suyos
Juan 13:1-30

Introducción

El líder por excelencia, Jesús de Nazaret, manifestó en el momento crucial ante sus discípulos la cualidad más sobresaliente del líder bíblico: la humildad. El Apóstol Juan, siendo testigo ocular, nos relata la manera como el Maestro dejó entrever su modelo de liderazgo, no dando un discurso ni haciendo un gran milagro, lo hizo lavándoles los pies a sus discípulos, aun sabiendo que ellos estaban a punto de abandonarlo. ¡Qué lección tan profunda para quien aspire a servir a Dios!

En nuestro estudio de liderazgo hemos insistido que el peligro más cercano en la vida del creyente es el orgullo. En el primer estudio en Mateo 11:20-30, Jesús invita a *"los trabajados y los cargados"* a venir a él con el fin de llevar el yugo y aprender de él. ¿Aprender qué? La respuesta es: humildad. En el segundo estudio, Pablo en Filipenses 2:1-12 muestra la humildad como la garantía de la unidad entre los hermanos.

Juan apunta a la misma verdad cuando narra la última cena que tuvo Jesús con sus discípulos. Después vendría la enseñanza verbal desde Juan 13:31 hasta Juan 17:26; esta enseñanza sería la herencia rica que Jesús dejaría a los suyos, la enseñanza

41

incomparable del nuevo mandamiento (13:1-38), los discursos de Aposento Alto sobre su salida, la venida del Espíritu Santo y, por fin, su Oración Pontifical por ellos y hasta por nosotros (17:1-26).

Es interesante notar que Jesús no empezó con el discurso teológico, sino con un acto genuino de humillación y amor. Mas vale el ejemplo que el discurso, la praxis (práctica) que la teoría.

El contexto de Juan 12 informa la verdad de la humildad, signo del liderazgo

Un principio valioso de la interpretación, que nos ayuda a comprender el pasaje bíblico, es buscar lo que hay en el contexto inmediato y en el remoto. Los dos contextos se deben tomar en cuenta para apreciar a fondo el texto por estudiar. En Juan capítulo 12 tenemos la unción de María para su entierro (vv.1-8), la entrada triunfal (vv.12-19), la llegada de los griegos, ocasión para una enseñanza profunda sobre su muerte. Juan 12 nos coloca bajo la misma sombra de la Cruz.

Todo lo del capítulo 12 gira alrededor de esta enseñanza. El "grano de trigo" —Jesús mismo— tendría que caer en tierra, morir y llevar mucho fruto. El fruto abundante futuro se vería con la llegada de los griegos, y nos incluye aun a nosotros mismos. Pero el mensaje ahondando en lo práctico nos dice que si Jesús es el "grano de trigo", del mismo modo los discípulos tendrían que ser "granos de trigo" también. Esto los llevaría a morir a sí mismos y luego hallar una vida fructífera a través de la Cruz.

Es claro que Jesús estuvo ocupadísimo en su muerte. *"Ahora está turbada mi alma; ¿y qué diré? ¿Padre, sálvame de esta hora? Mas para esto he llegado a esta hora. Padre, glorifica tu nombre"* (12: 27, 28). Luego Jesús agregó estas palabras tan cruciales: *"Ahora es el juicio de este mundo; ahora el príncipe de este mundo será echado fuera. Y yo, si fuere levantado de la tierra, a todos atraeré a mí mismo"* (vv.31, 32). Juan agregó: *"Y decía esto dando a entender de qué muerte iba a morir"* (v.33).

42

El Maestro en acción enseña mientras les lava los pies a los suyos (Juan 13:1-5)

A primera vista Juan 13 puede parecer bastante diferente de Juan 12. Pero realmente la sombra de la muerte inminente se hace más pesada. "El grano de trigo" está a punto de ilustrar la enseñanza de que primero es la muerte y luego el fruto, primero el negarse a sí mismo y luego el agradar a Dios haciendo su voluntad al costo de la de ellos. Se aproxima la pascua, llena del significado de Éxodo 12:1-13. La pascua introdujo la liberación de Israel del yugo de Egipto y ahora Jesús se prepara para ser "el grano de trigo", cuya muerte sería expiatoria y sustitutiva.

Juan puntualiza el profundo significado de este momento en la mente de Cristo. Cristo sabía la importancia trascendental de este suceso. No había nada que fuera producto de la casualidad ni de la coincidencia en lo que sigue. Y nadie mejor que Juan para decirlo bajo la inspiración del Espíritu Santo. *"Antes de la fiesta de la pascua, sabiendo Jesús que su hora había llegado para que pasase de este mundo al Padre, como había amado a los suyos que estaban en el mundo, los amó hasta el fin"* (Juan 13:1).

Cuando Juan habla de **la hora** se refiere directamente a su muerte desde la eternidad pasada. En la boda de Caná de Galilea, Jesús reprendió a María: *"¿Qué tienes conmigo, mujer? Aún no ha venido mi **hora**"* (2:4). Luego a sus propios hermanos que le aconsejaron que fuera a Jerusalén, les dijo: *"Mi **tiempo [hora]** aún no ha llegado"* (7:6). Pero en Juan 12:23 al oír de la llegada de los griegos dijo: *"Ha llegado la **hora** para que el Hijo del Hombre sea glorificado"*.

Jesús anuncia la hora, no tanto de su muerte sino la de la glorificación o su resurrección. Mediante un acto humilde y sincero, con pleno conocimiento, Jesús usa este momento para dejarles a sus discípulos infieles la última gran lección objetiva, es decir, visible y palpable. Él, el Señor, tomó una toalla y se hizo siervo para ellos.

43

Juan, el Apóstol del amor, estaba presente en dicho momento y recuerda a la hora de escribir su evangelio que Jesús fue motivado por el amor eterno, que no tomó en cuenta la debilidad de sus discípulos. Reconoció en el corazón de Cristo la buena voluntad de poner su vida en muerte, ser "el grano de trigo".

Cristo no pide a sus discípulos algo que él mismo no estuviera dispuesto a hacer por ellos. Sabiéndolo todo, no tomó en cuenta la traición de Judas Iscariote, ni la negación de Pedro, ni los celos entre ellos de cuál sería el mayor, ni el abandono de todos en el momento final, excepto las mujeres. Éste es el amor incondicional.

La lucha cósmica se libró en tal cena (Juan 13:2, 21-30)

"Y cuando cenaban, como el diablo ya había puesto en el corazón de Judas Iscariote, hijo de Simón, que le entregase, sabiendo Jesús que el Padre le había dado todas las cosas en las manos, y que había salido de Dios, y a Dios iba, se levantó de la cena, y se quitó su manto, y tomando una toalla, se la ciñó" (13:2-4).

Es interesante ver la yuxtaposición de estas frases. Ésta fue la primera batalla que se libraría en esos días antes de la cruz. Satanás había sido activo en la vida del "hijo de perdición" (17:12). Cristo sabía que las huestes malignas se desatarían contra él. No obstante, esto no cambiaría para nada el hecho de que el maestro por excelencia tomara el papel de siervo.

Los discípulos no lo entendían, pero valía la pena darles la última lección del "grano de trigo". Es de notar que en medio del discurso que sigue (13:18), Jesús hiciera alusión a Judas Iscariote citando al salmista: *"Mas para que se cumpla la Escritura: el que come pan conmigo, levantó contra mí su calcañar"* (Salmo 41:9; Génesis 3:15). Esto sería la evidencia concreta de que Jesús sabía quien lo iba a traicionar. La traición de Judas, entonces, se torna en la confirmación de su misión divina frente a los suyos.

44

Terminada la cena y la aplicación a los suyos (13:12-20), Cristo vuelve a tocar esta lucha demoníaca. *"Habiendo dicho esto, Jesús se conmovió en espíritu, y declaró: De cierto, de cierto os digo, que uno de vosotros me va a entregar"* (v.21). Consternados los discípulos por tal denuncia, se miraban el uno al otro. Juan, quien estaba recostado a lado de Jesús, movido por la iniciativa de Pedro, le preguntó: *"Señor, ¿quién es?"*.

Jesús identificó a Judas con una señal de intimidad: *"A quien yo diere el pan mojado, aquél es"*. El pan lo recibió Judas y luego aquella frase más temida que cualquier otra: *"Satanás entró en él"*. De manera callada Jesús le dijo: *"Lo que vas a hacer, hazlo más pronto"*. Los demás no entendieron la razón de esta interacción, pero Juan lo aclara de una manera escalofriante: *"Cuando él, pues, hubo tomado el bocado, luego salió; y era ya **de noche**"* (v.30).

En medio de este supremo acto de humildad simbolizado en lavar los pies a los discípulos --inclusive los de Judas Iscariote--, vemos al líder por excelencia en total control de la situación. Con una calma que le correspondía, hacía frente a los malentendidos de los suyos y aun a la oposición del diablo mismo. Jesús estaba en control de todo.

En el poder de la cruz, "el grano de trigo" iba a conquistar lo peor que el diablo pudiera hacer. Apreciando el contexto remoto (Juan 12) y el cercano (Juan 13) y lo que se desenvuelve luego con Judas (Juan 13: 2, 21-30), podemos comprender un poco del significado de este acto final de amor ante los suyos. De nuevo no les predicó un sermón, sino que les mostró el amor infinito, su sumisión total a la voluntad de su Padre.

El sermón de la última cena: un acto de humildad, el líder sirve a los infieles (Juan 13:5-20)

Podemos ahora volver a apreciar el sermón en acción, la humildad en acción. Jesús se identifica en este escenario como

45

líder por encima de Satanás, la traición de Judas, y la torpeza de los suyos. ¿Cuáles son las lecciones que nos corresponden aprender? Primero, el grano de trigo pone su vida en rescate de los suyos. Les advirtió en Juan 12:23-26 y les dio una ilustración muy concreta de no amar su vida, no guardar sus derechos legítimos, sino que aborreció su vida para ganar a los griegos que llegaban. Ya que Cristo abandonó su gloria en el pasado eterno, no le costó nada tomar la toalla y servirles por puro amor *"hasta el fin"* (13:1). Esto es el liderazgo bíblico en acción.

En la cultura nuestra no alcanzamos a entender el hecho de lavar los pies a los amigos. Pero en el contexto bíblico era un deber para con los invitados (Véase Lucas 7:44-47). Sin embargo, este deber sólo correspondía al siervo, al esclavo. Hoy día en el Medio Este tocar o tirar la zapata es un signo de alta descortesía y hasta una maldición.

No le correspondía al maestro, bajo ninguna circunstancia, lavarles los pies a los discípulos. Esta acción de parte de Jesús de ceñirse la toalla, no requirió realmente de mucho esfuerzo, especialmente si tomamos en consideración que ya se había bajado de la gloria de su Padre celestial al hacerse siervo en la tierra (Filipenses 2:5-8). Era un acto de puro amor, una pequeña extensión de su encarnación de haber sido "el grano de trigo" que muere y lleva fruto.

Semejante acción de parte de Jesús no le pareció posible a Pedro, víctima de su cultura. Se oye su exasperación y hasta su indignación en su pregunta retórica: *"Señor, ¿tú me lavas los pies?"* (13:6). Se sobreentiende la fuerza de su espanto: no, nunca, de ninguna manera, no te conviene (compárese algo semejante de parte de Pedro ante la cruz en Mateo 16:22). La carne no entiende el rol de la humildad en el líder. La cultura nos domina también con tal terquedad. Pero ser líder en lo espiritual requiere bajarse, hacerse "grano de trigo". Éste es el Mensaje de la cruz, no común hoy día en el liderazgo actual.

46

La respuesta de Jesús revela lo indispensable de la humillación verdadera: *"Lo que yo hago, tú no lo comprendes ahora; mas lo entenderás después"*. Pedro da una vuelta de 180 grados y Jesús subraya la absoluta necesidad de la humildad: *"Si no te lavare, no tendrás parte conmigo"* (13:7-10). La humildad en el creyente (líder) no es una opción por escoger o rechazar; es una marca característica.

Vemos en la respuesta de Jesús no la condenación de Pedro sino la comprensión suya de que la carne –aun en los mejores de nosotros-- no vale para nada. Pero con la venida del Espíritu Santo, Pedro entendería el concepto de la humildad (el próximo estudio se tratará precisamente de este cumplimiento, 1 Pedro 5:1-11). ¡Cuán misericordioso fue Jesús al tratar con Pedro, quien un poco después lo desconocería! Pedro tan voluble como siempre responde: *"Señor, no sólo mis pies, sino también las manos y la cabeza"* (13:9).

Después de la demostración viene el discurso y la aplicación (Juan 13:12-20)

Después de poner el ejemplo escandaloso para la carne, Cristo hace la aplicación sin regaño. ¡Qué lección oportuna para el siervo de Dios que tantas veces se irrita por la carnalidad de otros, pero es ciego ante la suya!

La enseñanza de Jesús no necesita comentario alguno: *"¿Sabéis lo que os he hecho? Vosotros me llamáis Maestro, y Señor; y decís bien, porque lo soy. Pues si yo, el Señor y el Maestro, he lavado vuestros pies, vosotros también debéis lavaros los pies los unos a los otros... De cierto, de cierto os digo: El siervo no es mayor que su señor, ni el enviado es mayor que el que le envió. Si sabéis estas cosas, **bienaventurados** seréis si las hiciereis"* (13:13-17).

En la aplicación a los suyos hace resaltar la diferencia en lo dicho y practicado, discrepancia tan frecuente en nuestras vidas como siervos de Dios. Pone en alto lo evidente: el menor debe seguir el

47

mayor. Es fácil decir: "Señor y Maestro", pero lejos está el vivirlo en la vida diaria. Termina su discurso al identificarse en esta humillación con la voluntad de su Padre. En tal identificación resulta la entrada en ese íntimo conocimiento mutuo.

"De cierto, de cierto os digo: El que recibe al que yo enviare, me recibe a mí; y el que me recibe a mí (en el contexto de la humildad de servir), *recibe al que me envió"* (13:20). Nos unimos a Jesús y a su Padre según nuestra acepción del Mensaje de la Cruz, el principio del "grano de trigo" que cae, muere y lleva mucho fruto. No cabe lugar para el orgullo personal mientras se sirve a Dios y a los suyos.

No puede haber duda de que en esta situación Cristo era el Señor y el Maestro. Pero no le perjudica en nada bajarse para servirles de la manera más humilde. Al contrario, mediante este acto de amor ejerce su autoridad y les garantiza que de esta manera el discípulo entra en una unión vital y práctica con Cristo mismo y también con su Padre. El líder bíblico dirige verdaderamente al poner el ejemplo de la humildad, como Cristo lo hizo en su noche final con los suyos.

Las lecciones que se deben tomar más a pecho como líder bíblico

1. El mensaje de la cruz de Juan capítulo 12 forma la base de la verdadera humildad de Juan capítulo 13.

2. El líder vence a Satanás sólo mediante los medios espirituales (2 Corintios 10:3-5).

3. El mensaje de la cruz corre en contra de la cultura humana, pero resulta siendo signo del Reino de Dios. *"El hacha está puesta a la raíz de los árboles"* (Mateo 3:10-12).

4. Lavar los pies de los suyos era un acto pequeño en comparación con la encarnación y el final de la cruz (Filipenses 2:1-11).

5. Pedro no entendió la razón de este acto de humillación, pero luego lo aprendería después de la cruz y su propio quebrantamiento (1 Pedro 5:1-11).

6. Nos corresponde seguir al "grano de trigo", poniendo nuestra vida a la orden de los suyos (1 Juan 3:16).

7. El atributo supremo del líder es perder su vida y hallarla en servir a Dios y a los suyos. Esto es lo que significa movernos en el espíritu del Crucificado: *"Aprended de mí, que soy manso y humilde de corazón"* (Mateo 11.28-30).

Capítulo 6
PEDRO, YA RESTAURADO, RETA A LOS HERMANOS

El líder en acción en la iglesia local
1 Pedro 5:1-11

Introducción

En el tema del liderazgo bíblico, sin duda, captamos el corazón de Jesús. Cuando el Maestro dice: *"Venid a mí... llevad mi yugo... aprended de mí, que soy manso y humilde de corazón"* (Mateo 11:25-30) está reflejando el carácter del líder por excelencia. En cada una de estas frases se destaca el área más importante cuando de servir y dirigir se trata: la humildad, el espíritu de servicio en nombre del Crucificado.

Pablo usa a Jesús en su humillación como el patrón que garantiza la unidad entre los hermanos (Filipenses 2:1-11). Juan recuerda la última reunión de Jesús con sus discípulos. Antes de instruirlos y animarlos, les puso el ejemplo de la humildad: les lavó los pies a sus discípulos, hasta los del traidor (Juan 13:1-20). ¡Qué lección más llamativa para sus seguidores que estaban arguyendo entre sí mismos quién entre ellos sería el mayor!

En estos estudios se define el liderazgo muy extensivamente, es decir, cualquier persona que sirve a Dios en la iglesia, el matrimonio, la familia, el mercado y en el camino de la vida cotidiana puede ser líder ante Dios. **Si la característica**

preeminente del liderazgo es la humildad y el servicio a otros en el nombre de Dios, todos podemos llegar a ser líderes en verdad.

En el estudio desarrollado en este capítulo, limitaremos el liderazgo a los que sirven en la iglesia local. La Biblia nos lo muestra de esta manera en 1 Pedro 5:1-4. Pero aun aquí Pedro se dirige a los que serán servidos, pidiéndoles lo mismo ante Dios (1 Pedro 5:5-11). Pedro había sido el líder entre los discípulos, aunque a veces no tan bueno. No obstante, después de Pentecostés, con la llenura del Espíritu Santo, tiene el pleno derecho de poner las pautas del liderazgo.

Él ha aprendido de sus fracasos y escarmientos a ser un verdadero líder. Pedro tiene el derecho de dar la última palabra en esta serie de los **Principios del Liderazgo.** Siguen los ejemplos de los **Personajes del Liderazgo.**

Pedro pone las pautas del liderazgo en la iglesia local

Pedro va terminando su epístola dirigida a los expatriados en el Ponto, Galacia, Capadocia, Asia y Bitinia. Los ve elegidos y santificados en el Espíritu para obedecer y ser rociados con la sangre de Jesucristo (1 Pedro 1:1). Después de varias exhortaciones prácticas, el apóstol habla con mucha seriedad cuando dice: *"Porque es tiempo de que el juicio de Dios comience por la casa de Dios; y si primero comienza por nosotros, ¿cuál será el fin de aquellos que no obedecen al evangelio de Dios?"* (1 Pedro 4:17).

Pedro nos da a entender que el liderazgo en la iglesia local es sumamente importante. Tal como es el líder así es la iglesia. Los ancianos deben saber poner el ejemplo de verdaderos líderes. Nada más ni nada menos. Los ancianos son aquellos que actúan como sobreveedores y presiden la iglesia. Pablo nos recuerda esa responsabilidad cuando dice: *"Por tanto, mirad por vosotros, y por todo el rebaño en que el Espíritu Santo os ha puesto por obispos* (sobreveedores), *para apacentar la iglesia del Señor, la cual él ganó por su propia sangre"* (Hechos 20:28).

Pedro, despojado de todo orgullo y revestido de humildad, exhorta a los líderes: *"Ruego a los ancianos que están entre vosotros, yo anciano también con ellos, y testigo de los padecimientos de Cristo, que soy también participante de la gloria que será revelada"* (1 Pedro 5:1). Se debe notar que Pedro no habla como el apóstol, aunque todo el mundo sabía que lo era, sino con uno de ellos, nada elevado, nada de la sucesión apostólica de que la Iglesia Católica trata de poner como base para demostrar que es la única iglesia de Cristo. Este verso niega todo ese concepto totalmente erróneo.

Pedro ha aprendido a tomar su lugar con los demás ancianos, todos salvos por la gracia de Dios. El apóstol ha sido testigo y partícipe de la gloria que habrá de revelarse. Ante Dios él no es mayor que ellos, antes comparten el mismo honor de sufrir para reinar con Cristo. Esta motivación lo lleva a no desmayar nunca. Servir es un honor.

La orden de apacentar y la experiencia de Pedro al fracasar (Juan 21; 1 Pedro 5:1, 2)

Pedro da una sola orden al líder: "A**pacentad** la grey de Dios o el rebaño del Señor". Note bien que la grey pertenece al Señor y nunca al líder. Muchas veces, el líder busca seguidores de él y no de Cristo. Pero se debe recordar siempre que los hermanos son exclusivamente de Él, fueron comprados con su sangre. Tal verdad debe suavizar la manera como tratamos a los demás.

Antes de continuar, es bueno aclarar que cuando Pedro se refiere al líder de la congregación local como anciano, obispo o presbítero, no está haciendo otra cosa que usar diferentes títulos para designar el mismo oficio en la iglesia primitiva (véanse Hechos 20:17, 28).

Desde el Antiguo Testamento se observa un trasfondo muy rico con respecto a este verbo, «apacentar». La figura del pastor de ovejas se aplicaba aun al rey David: *"Eligió a David su siervo, y lo tomó de las majadas de las ovejas; de tras las paridas lo trajo, para que apacentase a Jacob su pueblo, y a Israel su heredad. Y los apacentó conforme a la integridad de su corazón, los pastoreó con la pericia de sus manos"* (Salmo 78:70-72).

Apacentar quiere decir atender al pleno espectro de las necesidades de las ovejas: dar de comer, guiar, instruir, dirigir al ir delante de ellos, corregir, proteger, tratar suavemente, vendar a la herida, en breve, amar y servir.

Sin duda, Pedro al dar esta orden tenía bien grabadas en su corazón las palabras suaves de Jesús después de su propia traición. Pedro fracasó rotundamente la noche de la crucifixión de Cristo. Hay una nota especial en medio de la traición: *"Y Pedro dijo: Hombre, no sé lo que dices. Y en seguida, mientras él todavía hablaba, el gallo cantó. Entonces, vuelto el Señor, miró a Pedro; y Pedro se acordó de la palabra del Señor que le había dicho: Antes que el gallo cante, me negarás tres veces. Y Pedro, saliendo fuera, lloró amargamente"* (Lucas 22:54-62).

Pero luego, después de su muerte y resurrección, Jesús lo buscó con ternura. Marcos, el joven amigo de Pedro quien escribió su evangelio a los pies de Pedro, nos recuerda lo que dijo el ángel: *"Pero id, decid a los discípulos y a **Pedro,** que él va delante de vosotros a Galilea; allí lo veréis como os dijo"* (Marcos 16:7).

Hubo otro encuentro con Jesús en la orilla del lago de Galilea, cuando apareció Jesús a los pescadores. Juan con mucha emoción relata tal encuentro en el capítulo 21 de su evangelio. Pedro lleno de vergüenza oye las palabras de Jesús: *"Venid y comed"* (v.12).

Luego sigue el momento inolvidable que no cabe duda resuena en el corazón de Pedro al escribir a los ancianos. *"Cuando hubieron comido, Jesús dijo a Simón Pedro: Simón, hijo de Jonás, ¿me amas más que éstos?"*... *Sí Señor...* ***apacienta*** *mis corderos...*

La segunda vez, Simón, hijo de Jonás, ¿me amas?... Sí, Señor... **Pastorea** *mis ovejas... La tercera vez, Simón, hijo de Jonás, ¿me amas?... Sí Señor...* **Apacienta** *mis ovejas".*

¿Quién puede sostenerse después de tal interrogación del Señor mismo? Esto debió haber sido para Pedro el momento de total quebrantamiento y a la vez de perdón de parte de Jesús. No hay que olvidar que a quien Dios va a usar, lo tiene que quebrantar tarde o temprano. Tal es el mensaje de la Cruz.

Ahora Pedro ya quebrantado, perdonado, humillado y hecho verdadero líder, los exhorta a cumplir con tal orden que él recibió en el momento de mayor debilidad y perdón. Si no ministramos en este espíritu, no puede haber bendición de Dios ni buena salud de los hermanos a quienes pastoreamos. Pedro ha ganado el derecho de compartir su ser partícipe de los sufrimientos de Cristo y la gloria que viene.

Cómo dirigir: "Cuidando de ella, no por fuerza, sino voluntariamente" (1 Pedro 5:2-4)

En este primer contraste, Pedro destaca que el anciano no se ofrece, no se nombra, sino que es elegido o puesto de acuerdo a la voluntad de Dios. Tiene su trabajo por encima de cualquier otra cosa, no es designado por hombre alguno ni mucho menos para lograr algún fin indigno de su llamado. El líder debe aceptar el trabajo extra como del Señor.

En la iglesia primitiva muchos líderes eran laicos y tenían que trabajar. Pablo en Corinto hacía las tiendas y día y noche trabajaba (Hechos 20:34, 35; 1Tesalonicenses 2:9). El trabajo del líder debe ser motivado por la gracia de Dios, nada obligatorio. Pero en lo positivo debe tener la voluntad pronta para cuidar con sensibilidad, ternura y fidelidad a las ovejas. El ser voluntario es el aspecto piadoso, en todo momento se debe recordar que lo que hacemos es para el Señor y no trabajar sintiendo lástima de sí mismo, ni quejándose de los rigores del ministerio.

Cómo dirigir: "No por ganancia deshonesta, sino con ánimo pronto"

En este segundo contraste, Pedro escudriña la motivación del anciano o líder espiritual. El mero hecho de que Pedro da las tres series en lo negativo primero, establece que reconoce que el líder puede dirigir mal. Puede tornar el ministerio en un negocio. Hoy en día hay supuestamente grandes predicadores y tele-evangelistas que no rinden cuentas a nadie. Su estilo de vida es extravagante y deshonesto.

Pedro reconoce que el anciano es digno de su remuneración (1 Timoteo 5:17; 1 Corintios 9:1-16). Pero hay el otro extremo ilustrado en el error de Balaam (Judas 11); fue comprado por Balak para maldecir a Israel (Números 22-25; Nehemías 13:2; 2 Pedro 2:15). Al contrario, el anciano debe dirigir con ánimo, con ganas y con entusiasmo.

Cómo dirigir: "No como teniendo señorío sobre… sino siendo ejemplos de la grey"

Pedro aclara que el anciano-líder no debe ser el patrón por encima de los peones, no el jefe ni el ejecutivo; más bien dirige mientras pone el ejemplo de Cristo quien estaba entre los suyos como un siervo (Lucas 22:27). Lejos de dominar y manipular a los hermanos debe ponerles un ejemplo, no tanto por lo dicho sino por lo visto de parte de los hermanos. Tal es la verdadera autoridad que Dios reconoce. Como el pastor va delante de las ovejas y así enseña el camino, no usando la vara de autoridad ni la amenaza y las represalias.

Pedro anticipa el día de la recompensa, la llegada del Príncipe de los pastores

El gozo y el privilegio de ser líder-anciano tendrán su paga final en la moneda del cielo. No hay honor más grande que el de servir de esta manera a quien murió por nosotros. Dios recompensa a los suyos. *"Y cualquiera que haya dejado casas, o hermanos, o hermanas, o padre, o madre o mujer, o hijos, o tierras, por mi nombre, recibirá cien veces más, y heredará la vida eterna"* (Mateo 19:29; Marcos 10:29, 30).

Si me permite una palabra personal. Hace cincuenta y siete años (24/8/54), salimos de Canadá comprometidos a servir sin pensar en dinero. Antes trabajaba para Coca Cola en Winnipeg y tuve gran éxito, de tal manera que el presidente de Coca Cola (Canadá) me ofreció un puesto entre los más altos de la compañía, pero le dije: "Señor presidente, Cristo tiene previo reclamo sobre mi vida". Él no pudo comprender tal decisión, pero cincuenta y siete años después, no me lamento de nada de este mundo. Salimos enriquecidos eternamente.

Pedro se dirige a los que son servidos por los ancianos (1 Pedro 5:5-11)

Sí que Pedro tiene un mensaje especial para los ancianos, en esencia dice lo mismo a los que son servidos. De esta manera Pedro establece que tanto los ancianos como los hermanas deben ser sumisos, *"revestidos de humildad"* (5:5). No cabe duda que esa frase le trae a la memoria su encuentro con Jesús cuando les lavó los pies a los discípulos (Juan 13). Pedro ya había aprendido la importancia de lo que antes no entendía.

Antes de eso, Pedro había hablado demasiado rápido de su lealtad y valentía. *"Entonces Pedro le dijo: Aunque todos se escandalicen, yo no".* Responde Jesús inmediatamente: *"De cierto, te digo que tú, hoy, en esta noche, antes que el gallo haya cantado dos veces, me negarás tres veces. Mas él con mayor insistencia decía: si me fuere necesario morir contigo, no te negaré. También todos decían lo mismo"* (Marcos 14:29-31).

Después de esta jactancia y auto confianza y de su rotundo fracaso, Pedro reconoce el valor del quebrantamiento:

57

"Humillaos, pues, bajo la poderosa mano de Dios, para que él os exalte cuando fuere tiempo" (5:6). Pedro habla de sus profundas experiencias. Sabe de qué habla.

Otro consejo que les da a los ancianos y a los servidos es: *"Sed sobrios, y velad; porque vuestro adversario el diablo, como león rugiente, anda alrededor buscando a quien devorar; al cual resistid firmes en la fe... "* (5:8, 9). De nuevo Pedro recuerda las palabras de Jesús: *"Simón, Simón, he aquí Satanás os ha pedido para zarandearos como a trigo; pero he rogado por ti, que tu fe no falte; y tú, una vez vuelto, confirma a tus hermanos"* (Lucas 22:31, 32). Con buena razón Pedro recuerda los ataques del diablo y amonesta de antemano a los líderes y a los hermanos.

Considerando la vida de Pedro antes de la Cruz y después, él tiene todo derecho de aconsejarlos. Había fallado pero Cristo lo recogió, lo perdonó y sus consejos ahora suenan relevantes y pertinentes. Es interesante que la doxología con que termina (5:10, 11) pueda ser traducida en el tiempo futuro —algo más cierto o en el modo subjuntivo—como algo por realizar. Me gusta la traducción: *"Mas el Dios de toda gracia... él mismo perfeccionará, afirmará, fortalecerá y establecerá. A él sea la gloria y el imperio por los siglos de los siglos"*.

Pero termina con una doxología que respira la nueva confianza que Pedro tiene en Cristo, después de ser perdonado y restaurado. Esa verdad nos debe animar a seguir adelante. *"Mas el Dios de toda gracia, que nos llamó a su gloria eterna en Jesucristo, después que hayáis padecido un poco de tiempo, él mismo perfeccione, afirme, fortalezca y establezca. A él sea la gloria y el imperio por los siglos de los siglos"* (5:10,11).

Las lecciones que debemos tomar más a pecho de parte del anciano-líder

1. Aunque Pedro fue reconocido líder entre los discípulos, no reclama ninguna autoridad para sí. Al contrario se pone al lado de cualquier anciano (1 Pedro 5:10).

2. Pedro reconoce la debilidad de la carne en el liderazgo y pone tres contrastes que rechaza por ser carnales y no espirituales (5:2-4).

3. Pone el dedo en la llaga al exhortar a no servir por obligación, por dinero o por el deseo de controlar a los hermanos.

4. Destaca la verdadera motivación: ternura, entusiasmo e integridad santa.

5. Su propia vida le sirve de punto de partido para animar y retar a los ancianos. Hasta sus fracasos le humillan y le dan mayor impacto al anciano temeroso.

6. Por eso termina Pedro su carta tanto a los ancianos como a los demás hermanos reconociendo que Dios es el Dios de toda gracia. Él mismo es el mejor ejemplo que Dios humilla a los soberbios, pero los exalta cuando fuere el tiempo. Pedro sabe bien cómo Dios prepara al líder bajo el modelo bíblico.

Capítulo 7
ENOC ANDUVO CON DIOS

Enoc, el personaje que anduvo en íntima comunión con Jehová
Génesis 5:21-24; Hebreos11:5, 6; Judas14, 15

Introducción

En esta serie titulada **Liderazgo desde la Cruz – principios y personajes,** hemos llegado al primer estudio sobre *los personajes del Antiguo Testamento* que ilustraron de manera sobresaliente las cualidades antes expuestas bajos los *Principios del liderazgo.* Es bueno recordar que todos estos principios se estudiaron teniendo como punto de referencia el liderazgo de Jesús. ¿Por qué escoger la figura de Jesús? Porque no ha habido líder ni dirigente más genuino ni más auténtico que él. Su humildad verdadera en la encarnación y su ejemplo de siervo entre los suyos (Lucas 22:24-30; Juan 13:1-20) lo destacan en gran manera.

Escogí la virtud y la gracia de la humildad porque en el liderazgo humano el orgullo nuestro siempre ha sido el que destruye la eficacia del liderazgo bíblico. Puede haber otras cualidades positivas, tales como, el domino propio, la fidelidad, la constancia, el manejo de los dones y los talentos que Dios da. Pero si la verdadera humildad no es la fuerza motriz del servicio en el nombre de Dios, no puede resultar la plena bendición del Señor.

61

Pedro lo dijo bien en sus consejos de despedida a los ancianos y los miembros de la iglesia: *"Igualmente, jóvenes, estad sujetos a los ancianos; y **todos, sumisos unos a otros, revestíos de humildad**; porque: Dios resiste a los soberbios, y da gracia a los humildes. Humillaos, pues, bajo la poderosa mano de Dios, para que él os exalte cuando fuere tiempo"* (1 Pedro 5:5, 6).

La humildad es como una joya incrustada y bien puesta en la corona del Rey. Esa virtud no busca nada para sí, sino todo para la gloria de Dios; ahora podemos ver ésta y otras cualidades en los santos del Antiguo Testamento. Los varones del Antiguo Testamento ilustran como ninguna otra porción las cualidades que perduran y merecen la bendición de Dios.

Enoc, el profeta antediluviano que "anduvo con Dios" en los peores días

Es bueno comenzar con Enoc por varias razones; una de ellas es porque él fue *"el séptimo desde Adán"* (Judas 14). Sabemos muy poco sobre Enoc. Sólo hay tres referencias muy breves de él, pero al contemplar los días en que vivió y las tinieblas que prevalecían, este santo brillaba como una estrella en el firmamento. Cuando es más oscura la noche, más brillante resplandece la luz.

Los días antediluvianos tan oscuros (Génesis 4-6)

Para apreciar el valor de este profeta, líder verdadero, regresamos al Huerto de Edén, la bendición de la creación, la caída trágica de nuestros primeros padres. Adán y Eva fueron expulsados del Huerto de Edén, pero vestidos por Dios con *"túnicas de pieles"*, empezaron la vida cubiertos de la provisión en la gracia de Dios (Génesis 3:21). Luego siguen las dos ofrendas: la de Abel, motivado por la fe (Hebreos 11:4), y la de Caín, rechazado por Dios. Este rechazo no era nada arbitrario, pues Dios podía ver la actitud con la cual Caín llegó.

El primer hijo de Adán fue asesino. Ya se había arraigado la depravación total. Pero juntamente con la depravación, Dios había intervenido en Génesis 3:15 confrontando a la serpiente con el protoevangelio (el primer evangelio). Habría enemistad entre las dos simientes, la de la serpiente y la de la mujer; habría conflicto entre ambas. La simiente de la mujer, Cristo (Gálatas 3:16), triunfaría sobre el maligno.

En esta denuncia del diablo, Dios les aseguró la victoria de la Cruz. Desde nuestro punto de vista histórico son muy evidentes los rasgos de la Cruz en este protoevangelio. Los antiguos debieron haber entendido todo esto de una manera espiritual y por la fe. El texto bíblico mismo no nos dice hasta qué grado era su conocimiento, pero Abel y Enoc con mucha razón aparecen en Hebreos 11 que conocemos como la galería de la fe. Bien merecen su lugar allí.

Para apreciar más el tiempo tan perverso de Enoc, siendo el séptimo desde Adán según la simiente de la mujer o Set (Génesis 4:25), hubo otro séptimo desde Adán, pero éste según la simiente de la serpiente, se llamaba Lamec. Él introdujo la poligamia (4:19), retó descaradamente a Dios diciendo que castigaría a quienquiera que le hiciera daño hasta setenta veces siete. Esto fue un franco desafío a Dios quien antes había dicho que castigaría siete veces a quien matara a Caín. Compárese lo que dijo Dios (Génesis 4:15) y lo que dijo Lamec (4:24). Puede ver también Mateo 18:22. ¡Qué arrogancia diabólica!

Génesis 6:5-8 revela las tinieblas de aquellos días que habrían de exigir el diluvio y el testimonio de gracia a través de Noé. *"Y vio Jehová que la maldad de los hombres era mucha en la tierra, y que todo designio de los pensamientos del corazón de ellos era de continuo solamente el mal. Y se arrepintió Jehová de haber hecho hombre en la tierra, y le dolió en su corazón. Y dijo Jehová: Raeré de sobre la faz de la tierra a los hombres que he creado, desde el hombre hasta la bestia, y hasta el reptil y las aves del cielo; pues*

63

me arrepiento de haberlos hecho. Pero Noé halló gracia ante los ojos de Jehová".

Enoc manifestó la virtud principal del líder bíblico: caminar diariamente con Dios

La sencillez del breve comentario con respecto a Enoc nos sorprende. Moisés, el autor inspirado del Pentateuco, después de una repetición hasta monótona de quien nace, engendra hijos y muere, de repente dice: *"Y caminó Enoc con Dios... caminó, pues, Enoc con Dios, y desapareció, porque le llevó Dios"* (5:22, 24).

Es fuerte el agudo contraste con el contexto anterior y posterior. Las demás generaciones de capítulo 5 desde Adán hasta Noé son los que nacen, engendran hijos y mueren. ¡Qué comentario tan monótono sobre la fragilidad de la vida terrenal! Aunque la edad de los antediluvianos era larga en comparación de la de hoy día, de todos modos siempre morían.

Pero Enoc se destaca no por la edad sino por algo mucho más duradero y valioso: una vida en plena comunión con Jehová. Caminar con Dios quiere decir estar en una íntima relación no interrumpida, en constante contacto con un Dios santo que desde el Huerto de Edén buscaba la manera de andar con su criatura (Génesis 3:8). ¡Qué difícil comprender que aun Dios buscaba la comunión con los suyos! Pero tal es nuestro Dios. En Enoc halló a quien también compartiría ese deseo y Enoc por fe se gozaba de esa preciosa comunión (Hebreos 11:4, 5).

El líder que hoy en día quiere servir a Dios necesita conocer esta prioridad. Hay tantas actividades por hacer --las demandas de predicar, ministrar a los demás, mantener un horario fuerte—que en breve, el obrero concienzudo estará ocupado en los quehaceres del pastorado o la obra misionera. Será muy fácil trabajar fielmente para Dios en lugar de mantener ese toque fresco del tiempo con el Señor. Frente a las demandas siempre crecientes, el líder tiene que guardar su relación personal con

Jesús sobre todas las cosas buenas. Es tan fácil que lo bueno llegue a ser enemigo de lo mejor.

El peligro de no andar con Dios motivado sólo por el amor

Juan destaca esta triste realidad en el caso de la iglesia de Éfeso: *"Yo conozco tus obras, y tu arduo trabajo y paciencia; y que no puedes soportar a los malos, y has probado a los que se dicen ser apóstoles, y no lo son, y los has hallado mentirosos; y has sufrido, y has tenido paciencia, y has trabajado arduamente por amor de mi nombre, y no has desmayado. **PERO** tengo contra ti, que has dejado tu primer amor"* (Apocalipsis 2:2-4). Sigue Juan diciendo que tal falta no es un mero pecado sino una caída que requiere nada menos que un verdadero arrepentimiento.

Si no hay verdadero arrepentimiento, habrá consecuencias drásticas. Dios no sólo prefiere el amor sino que también exige nuestro amor, no tanto nuestro servicio. En cierto sentido no necesita Dios nunca aquello que a él le podemos dar. Dios quiere nuestro amor exclusivo, no sustituyendo el activismo por el afecto de nuestro corazón.

Cualquier matrimonio puede darse cuenta de que no hay sustituto de ese amor entre dos cónyuges que saben poner en orden todas las demás cosas menos urgentes. Muchas veces el siervo de Dios se realiza a sí mismo en el activismo, sirviendo su orgullo y su valor en lo que hace para el Señor. Pero al hacerlo, le roba a Dios lo único que él valora.

Vale la pena volver a Hebreos 11 para notar la preeminencia que el autor inspirado le da a Enoc. *"Por la fe Enoc fue traspasado para no ver muerte, y no fue hallado, porque lo traspuso Dios; y antes que fuese traspuesto, tuvo testimonio de haber agradado a Dios"* (v.5). Lo que no se toma en cuenta tanto es el verso que sigue: *"Pero sin fe es imposible agradar a Dios; porque es necesario que el que se acera a Dios crea que le hay, y que es galardonador de los que le buscan"* (v.6).

Es quizá la más básica verdad de la vida cristiana, la fe activa, personal e íntima. ¿Quién es el mejor ejemplo? Nadie menos que Enoc, quien vivía milenios antes de la cruz. El tiempo y cantidad de conocimiento bíblico no cuentan para nada; es cuestión de un corazón apasionado por Dios y por eso cree en él. Vivimos por este lado de la Cruz; nos gozamos de tanto conocimiento doctrinal, pero la verdadera cuestión es ¿qué tal está nuestra comunión diaria con él?

Enoc, apasionado creyente y a la vez un profeta fiel (Judas 14, 15)

Enoc sabía caminar con Jehová en plena comunión diaria, guardando su relación por la fe y la obediencia. Pero ese amor y pasión para con Jehová se convirtió en un ministerio fiel y valiente. De una fuente históricamente desconocida, Judas cita bajo la inspiración del Espíritu la siguiente denuncia de su generación malvada: *"De éstos también profetizó Enoc, séptimo desde Adán, diciendo: He aquí, vino el Señor con sus santas decenas de millares, para hacer juicio contra todos, y dejar convictos a todos los impíos de todas sus obras impías que han hecho impíamente, y de todas las cosas duras que los pecadores impíos han hablado contra él"* (Judas 14, 15).

Quien guarda bien su andar con el Señor, como lo hizo Enoc, tendrá siempre un ministerio fructífero. En el caso de Enoc era un ministerio de denuncia, pero su propia vida era su autoridad.

La vida cristiana no es un pietismo o sólo un andar místico; con base en esa relación íntima con Dios, siempre sostenida y guardada, hay trabajo que hacer y retos que afrontar. Generalmente somos más tentados a trabajar y de esa manera descuidamos nuestro andar con el Señor. Debe haber un buen equilibrio y balance entre los dos factores que garantizan un ministerio eficaz: primero nuestro andar con el Señor en plena comunión con él --como Enoc-- y luego el trabajo que Dios nos encomienda.

¿Cómo entendemos la espiritualidad de Enoc y su andar con Dios?

Una cuestión muy fascinante es: ¿Cómo pudo Enoc, que vivía muchos años antes de la cruz, haber gozado de tanta comunión con el Señor y a la vez desarrollar un ministerio profético? Es cierto que sabían acercarse a Dios Caín y Abel. Pero, ¿sobre qué base?

Hay otras preguntas que exigen una reflexión: ¿Cómo pudo haber sabido Noé acerca de ofrecer los animales limpios después del diluvio (Génesis 8:20-22)? ¿Cómo supo Abraham que debía edificar altar al llegar a la tierra prometida (Génesis 12:7, 8) y luego ofrecer a su hijo en holocausto a Dios (Génesis 22)? ¿Cómo llegó a conocer a Dios tan íntimamente Job, si fuera contemporáneo de Abraham como se cree? Sin embargo todos estos aparecen en Hebreos capítulo 11 como los héroes de la fe. Debería haber habido alguna revelación o conocimiento disponible a las primeras generaciones.

No puedo comprobar lo que sigue, pero me parece tan lógico y necesario que lo sugiero como una posible respuesta. Dios les hizo saber a nuestros primeros padres la manera de acercarse a él al darles vestimenta de pieles y otras instrucciones (Génesis 3:21). Abel y su ofrenda fueron recibidos como olor grato porque Abel se acercó en fe y en plena dependencia de Dios (Hebreos 11:4). Dios vio el corazón y así Abel llegó aceptado.

Al contrario, Caín se enojó en gran manera indicando cierta rebeldía e inconformidad. El apóstol Pablo dice de esa época: *"Pues habiendo conocido a Dios, no le glorificaron como a Dios, ni le dieron gracias…"* (Romanos 1:21). El texto me enseña que Dios no los dejó sin testimonio de su persona y de la forma cómo deberían acercarse a él.

67

Llamamos a esto como la tradición oral o la oralidad. Siempre ha existido entre todas las culturas la costumbre de pasar de generación en generación las verdades inicialmente recibidas. Así debió haber trabajado Dios. Además la longevidad de las primeras generaciones se prestaba para tal transmisión.

¿Cómo llegaron a Moisés los datos de Génesis? Dios siempre ha dado testimonio de sí. Luego agregaría lo objetivo de lo escrito, dándonos una base más segura de nuestra fe (2 Pedro 1:18-21). Pero todo esto me habla de la importancia de aceptar y ver la mano de Dios en Génesis y el Antiguo Testamento.

La palabra final es que la fe, la gracia de Dios, el amor de Dios siempre han estado al alcance del corazón abierto a Dios y dispuesto para buscarlo en todo momento. Con razón dijo San Agustín: "El Nuevo Testamento están latente en el Antiguo y el Antiguo patente en el Nuevo".

Lecciones que el líder bíblico debe tener muy en cuenta

1. Según nuestra manera de pensar, Enoc tenía la desventaja de vivir muy antes de la cruz, no obstante, logró un andar íntimo con Dios, sólo por la pura fe, disponible tanto en aquel tiempo como en el nuestro.

2. La fe, la gracia y el andar con Dios se ven desde Abel hasta la cruz, como Hebreos capítulo 11 nos ilustra tan claramente.

3. El líder que no guarda bien su andar diario con Dios ya está fallando. Sólo es cuestión de "cuándo" caerá.

4. No hay sustituto para el andar por fe, unido a Cristo en muerte y en resurrección. *"El justo por la fe vivirá"*.

5. La vida espiritual depende mucho más de la actitud del corazón ante Dios que del conocimiento doctrinal que se profesa.

6. Cuando otros iban para abajo en la depravación de Génesis 6, Enoc probó la gracia de Dios y Dios se lo llevó sin ver la muerte.

68

7. Sólo sobre la base de un andar íntimo con Dios puede el líder bíblico llevar a cabo una obra que permanece eternamente.

Liderazgo desde la Cruz

Capítulo 8
MOISÉS ES PUESTO A PRUEBA EN LA OBEDIENCIA

Moisés - bajo doble ataque, de adentro y de afuera
Números 12:1-16; 16:1-50

Introducción

En esta serie de liderazgo bíblico, el modelo de Cristo sobresale por encima de cualquier otro personaje humano. El principio destacado del Maestro es la **humildad santa.** Así es como debe ser. Sin embargo, el liderazgo tiene mucho que ver con la materia humana. Es aquí cuando se ve la maravillosa gracia de Dios.

La vida de Moisés emerge como un dirigente excepcional. Ningún líder ha tenido que confrontar mayores dificultades que Moisés, especialmente saliendo de Egipto bajo el mando de Dios. A pesar de que no era líder perfecto, de ningún otro hemos escuchado que se haya dicho:*"Profeta les levantaré de en medio de sus hermanos, como tú; y pondré mis palabras en su boca, y él les hablará todo lo que yo le mandare"* (Deuteronomio 18:18).

En medio de la prueba intensa, de nuevo Jehová afirma: *"No así a mi siervo Moisés, que es fiel en toda mi casa"* (Números 12:7; Hebreos 3:2). Llegar a ser comparado con Jesús es el honor más alto que cualquiera pudiera tener.

Moisés, bajo ataque dentro de su familia (Números 12:1, 2)

Los israelitas se marcharon de Sinaí después de recibir la ley, una nación ya constituida por el dar de la ley. *"En el año segundo,*

71

en el mes segundo, a los veinte días del mes, la nube se alzó del tabernáculo del testimonio. Y partieron... según el orden de marcha" (Números 10:11, 12).

Moisés confrontó de inmediato la prueba de las codornices en Números capítulo 11. El pueblo rebelde se había quejado de la falta de agua, protestaron contra el maná que milagrosamente les mandó Jehová, y ahora protestaban también porque no había ninguna carne para comer. ¡Qué dolor de cabeza para el pobre Moisés!

Las cosas terminaron mal: *"Aún estaba la carne entre los dientes de ellos, antes que fuese masticada, cuando la ira de Jehová se encendió en el pueblo, e hirió Jehová al pueblo con una plaga muy grande. Y llamó el nombre de aquel lugar Kibroot-hataava, por cuanto allí sepultaron al pueblo codicioso"* (11:33, 34).

El líder y la crítica severa de parte de María (Números 12:1-4)

Como si no fuese suficiente afrontar lo de las codornices, Moisés confrontó una crisis más cercana a la casa, la crítica de su hermana inconforme. No hay crisis peor que la de la casa. El hombre o la mujer es tan vulnerable; el asunto es privado, pero ¿quién puede sostenerse en tal ambiente?

Dios sabe que hoy hay líderes que a menudo dan ocasión para tal prueba por su orgullo o algún pecado. Pero hay otros que tienen que esforzarse en medio de la prueba como víctimas. Como consejero de muchos pastores y ex alumnos del Instituto Bíblico Rio Grande me toca compadecerme de éstos. La gran pregunta es cómo resolver la crisis.

Sin duda la familia de Moisés era parte importante de su propia vida. Él no quiso salir solo de Egipto; casi obligó a Dios para que enviara a Aarón como su compañero, algo que en más de una ocasión pudiera haber lamentado (Éxodo 34). Fue María misma quien dirigió el cántico triunfal al atravesar el Mar Rojo en un momento de alta euforia (Éxodo 15:1-21; Apocalipsis 15:3).

72

Pero ahora María, por motivos ajenos a la voluntad de Dios, influyó mucho en Aarón y los dos atacaron a Moisés. Lo de la esposa cusita de Moisés fue sólo un pretexto porque la raíz de su mal estaba en una actitud de envidia y celos por la prominencia de su hermano. La mujer cusita le dio la ocasión para expresar su capricho contra Moisés. *"Y dijeron:* -- note el verbo en plural, como se dejó llevar Aarón por la influencia de su hermana -- *¿Solamente por Moisés ha hablado Jehová?¿No ha hablado también por nosotros?* Luego sigue lo ominoso:*"Y lo oyó Jehová"* (Números 12:2).

Dios toma cartas en este lío familiar (Números 12:5-10)

Dios tomó la iniciativa para tratar con María. No pudo dejar pasar semejante actitud de María, una parte del equipo de dirigentes. Hoy en día son muy comunes las nuevas estrategias de promover mucho el valor del trabajo misionero en equipo. Digo que puede haber grandes beneficios de apoyarse los unos a los otros. Pero también trabajar en equipo de cerca se presta para los celos, las divisiones secretas y la desconfianza. Sólo Dios puede curar el mal nuestro. El enemigo nos ataca por todas partes. Sólo la vigilancia espiritual nos guarda de este mal.

Frente a esta situación casera, Moisés no se defendió, se quedó callado frente a tal crítica. Lo más importante es que Dios mismo no se quejó del matrimonio de su siervo. En cambio Dios intervino en pro de él; Moisés no dijo nada para defenderse contra las acusaciones falsas. Prefirió que Dios hablara a su favor—la marca de un verdadero líder en tales controversias.

Es interesante una nota editorial aclaratoria metida precisamente en medio de este lío: *"Y aquel varón Moisés era muy manso, más que todos los hombres que había sobre la tierra"* (12:3). Se ha dicho: "Si uno se defiende, Dios no puede hacerlo, pero si no se defiende uno Dios, entonces, en su tiempo defenderá al justo".

Vale la pena examinar la intervención divina. En una nube de gloria, Jehová descendió y convocó a los dos culpables y abogó claramente por Moisés. *"Cara a cara hablaré con él, y claramente, y no por figuras... ¿Por qué, pues, no tuvisteis temor de hablar contra mi siervo Moisés?* (v.8). La ira de Jehová tocó el cuerpo de María que se volvió leprosa, una enfermedad temida por todo el mundo, la más clara evidencia de lo dañino de los celos egoístas que salieron a la luz bajo un mero pretexto espiritual.

¡Qué exhibición de la carnalidad que siempre busca un disfraz para encubrir su malicia! María, sin duda, llegó a ser el Ananías y Safira que se nos ilustra en el Nuevo Testamento.

La reacción inmediata de Moisés como líder manso y piadoso (Números 12:11-16)

El golpe divino produjo en Aarón, víctima de los celos orgullosos de María, una confesión de su pecado: *"¡Ah! Señor mío, no pongas ahora sobre nosotros este pecado; porque locamente hemos actuado y hemos pecado"* (12:11). Moisés lejos de justificarse o haberse defendido, responde con un clamor intercesor ante Jehová: *"Te ruego, oh Dios, que la sanes ahora"* (12:13).

El perdón de María por Moisés se sobreentiende en su deseo de verla sanada a pesar de su mal. Pero Dios no le concedió ni un centímetro para enseñar su juicio sobre el pecado de la envidia y los celos. *"Pues si su padre hubiera escupido en su rostro, ¿no se avergonzaría por siete días? Sea echada fuera del campamento por siete días, y después volverá a la congregación?"* (v.14).

La actitud orgullosa iba a servir como un ejemplo a toda la congregación de Israel. Por una semana entera estuvo ella fuera del campamento como un leproso público. No pudo avanzar durante esos días el pueblo. Dios no tolera los celos ministeriales

74

bajo cualquier disfraz. *"No toquéis, dijo, a mis ungidos, ni hagas mal a mis profetas"* (Salmo 105:15).

En el lenguaje del Nuevo Testamento: *"Mirad bien, no sea que alguno deje de alcanzar la gracia de Dios; que brotando alguna raíz de amargura, os estorbe, y por ella muchos sean contaminados"* (Hebreos 12:15). A causa de una sola persona, María, fue influenciado Aarón con los celos, y toda la congregación sufrió. Este caso es muy similar al de Acán frente a Jericó (Josué 7:1-26). ¡Qué alto precio tuvo que pagar toda la congregación de Israel!

Moisés bajo ataque de afuera, una rebelión israelita (Números 16:1-50)

Cualquier líder debe esperar las críticas, a veces bien merecidas. El líder debe caminar muy cerca de Dios y con mucha cautela porque Dios sí defiende a los líderes, aunque sabe bien que no son perfectos. Moisés era un profeta puesto por Dios; en su imposible tarea de dirigir a Israel a la Tierra Prometida Dios estaba a su lado. Lo de María fue un asunto de casa que llegó a ser un tropiezo para todo Israel. Pero, ahora, frente a la sublevación de Coré, Moisés iba de ser puesto a una prueba mucho mayor que antes.

El liderazgo nunca es fácil; los privilegios del dirigente vienen acompañados de diversas pruebas e injusticias. Sólo mediante una dependencia absoluta de Dios el verdadero líder puede seguir adelante. Como de costumbre, la mayoría de los problemas surgen de la vida vieja, la naturaleza adánica que aflora en los mismos hermanos que se vuelven celosos y rebeldes.

Pero el líder no debe echar toda la culpa a los demás como si no pudiera él ser parte del problema. El líder mismo debe dejar que el Espíritu Santo lo convenza y lo quebrante. Dios no hace acepción de personas. Que Dios nos dé ese espíritu sensible a la convicción del Espíritu Santo.

El mal que un solo hombre puede producir (Número 16:1-19)

Un sólo hombre, Coré, hijo de Izar levita, causó este gran problema. Generalmente hay uno carnal y los demás que son débiles gravitan hacia él, tales eran Datán, Abiram y On de los de Rubén. Esta vez el complot --sin duda un secreto-- llegó a incluir a 250 varones líderes de la congregación, *"varones de renombre"* (16:1, 2). Ahora la cosa se puso seria... bien seria.

¿Cuál fue su causa? Suena como la de María, **celos y envidia.** *"¡Basta ya de vosotros! Porque toda la congregación, todos ellos son santos, y en medio de ellos está Jehová; ¿por qué, pues, os levantáis vosotros sobre la congregación de Jehová?* (v.3). Podemos imaginarnos el susto y la alarma que les causó a Moisés y a Aarón? *"Cuando oyó esto Moisés, se postró sobre su rostro"* (v.4).

Antes, con lo de María, Moisés no había dicho nada en defensa suya, pero esta vez tenía el discernimiento para tomar cartas más abiertamente. Fortalecido por la defensa de Dios ante María, Moisés respondió con valentía: *"Mañana mostrará Jehová quién es suyo, y quién es santo, y hará que se acerque a él; al que él escogiere, él lo acercará a sí"* (v.5).

En breve les pidió que trajesen sus incensarios, siendo ellos sacerdotes y líderes, hijos de Leví. Con una pregunta bien punzante, Moisés les dijo: ¿es una cosa de poca importancia que Dios ya les haya dado el privilegio de acercarse a él y a los demás israelitas? ¿Por qué tan descaradamente han hecho esto? *"Por tanto, tú y todo tu séquito sois los que os juntáis contra Jehová; pues Aarón, ¿qué es, para que contra él murmuréis?"* (v.11).

Moisés bien sabía que la revuelta era contra él, no contra Aarón, pero aun peor, era contra Dios mismo. Moisés los desafió con valentía por una causa justa.

A los dos menos involucrados, siendo incautos de Coré, es decir a Datán y a Abiram, Moisés apeló que viniesen, pero ellos le

76

respondieron: *"No iremos allá"* (v.12). Luego, los seguidores de Coré le echaron en cara a Moisés que los hubiera sacado de Egipto, y que no los hubiera metido en la tierra que fluye leche y miel como les había prometido. Le acusaron de que aun quisiera sacarles los ojos a los inconformes (v.14). Se puso aun más serio el lío.

Moisés actuó como profeta escogido por Dios afirmando su integridad y apelando a la justicia de Jehová: *"Entonces Moisés se enojó en gran manera, y dijo a Jehová* (Jesús pre encarando): *no mires a su ofrenda; ni aun un asno he tomado de ellos, ni a ninguno de ellos he hecho mal"* (v.15).

Moisés se dirigió directamente a Coré, el culpable de esta rebelión: *"Tú y todo tu séquito, poneos mañana delante de Jehová; tú, y ellos, y Aarón".* Pero Coré ya tenía su séquito listo para la confrontación y todos ellos con sus incensarios. *"Y Jehová habló a Moisés y a Aarón, diciendo: apartaos de entre esta congregación, y los consumiré en un momento"* (vv.20-21).

Las cualidades del verdadero líder (Número 16:20-33)

Otra vez la cualidad de liderazgo se veía en Moisés; no pedía venganza ni muerte sino perdón para el pueblo. Para Moisés, sólo Coré, el responsable, merecía el juicio a punto de lanzarse. *"Y ellos (Moisés y Aarón) se postraron sobre sus rostros, y dijeron: Dios, Dios de los espíritus de toda carne, ¿no es un solo hombre el que pecó?¿Por qué airarte contra toda la congregación"* (16:22).

Dios mandó a Moisés que avisara a toda la congregación para que se apartaran de alrededor de estos rebeldes. Moisés les advirtió que si éstos sobrevivían y morían, como todos los demás mueren, entonces él no había sido el enviado por Dios. Pero si morían de manera trágica —como de hecho sucedió--, Dios ya les había hablado y confirmado su liderazgo.

"Y aconteció que cuando cesó él de hablar todas estas palabras, se abrió la tierra que estaba debajo de ellos. Abrió la tierra su

77

boca, y los tragó a ellos, a sus casas, a todos los hombres de Coré y a todos sus bienes. Y ellos, con todo lo que tenían, descendieron vivos al Seol, y los cubrió la tierra, y perecieron de en medio de la congregación" (vv.31-33). Luego Dios mandó fuego para consumir a los doscientos cincuenta hombres que ofrecían el incienso.

Fíjense en la reacción del pueblo. El día siguiente el pueblo se levantó contra Moisés y Aarón acusándolos de haber dado muerte a los rebeldes. Dios estaba a punto de consumir a toda la congregación, pero Moisés le dio órdenes a Aarón para que tomara su incensario y corriera entre el pueblo para hacer expiación, ofreciendo un «kofer», precio de rescate por el pueblo.

Y en la misericordia de Dios y a través del líder, el Señor detuvo la mortandad. Pero unos catorce mil setecientos murieron por la rebelión de Coré (v.49). ¡Qué tristes son las consecuencias cuando alguien actúa como Coré que se levantó por celos contra el liderazgo de Moisés! Sin embargo, Moisés con toda valentía se opuso a la carnalidad de Coré, el levita que tuvo en poco su alto privilegio de ser sacerdote. Pero Moisés intercedió ante Dios y paró la mortandad para salvar a muchos.

Tal es el llamado del líder: tratar con el pecado ante Dios y buscar la manera de salvar al pueblo. En su soberanía, Dios es el que decide.

Lecciones fuertes que debe aprender el líder bíblico

1. A veces de los que están más cerca, aun en el ministerio, puede surgir la más severa crítica motivada por el orgullo espiritual y los celos.

2. Por seguir a una persona carnal pueden sufrir las consecuencias muchos hermanos débiles.

3. El líder debe saber cuándo no defenderse (como en el caso de María) y cuándo debe tomar medidas fuertes basadas en los principios divinos que están en juego (caso Coré).

78

4. El líder debe buscar la manera de defender sólo la santidad de Dios, no la suya.

5. Se oye la voz de Satanás cuando se dice: "Todos somos santos y Dios está con nosotros". Ambos problemas surgieron de la misma fuente diabólica (Santiago 3:13-18).

6. Lo que empieza con una sola persona puede contaminar a muchos, perjudicando a todos, como sucedió con María y con Coré.

7. El verdadero líder busca la manera de perdonar, reconciliarse y no promueve la venganza personal. Pero a veces no se puede lograr. Más vale defender la verdad y la justicia.

8. No hay manera de reconciliar la carne con el Espíritu; son de diferentes orígenes. No hay comité que pueda resolver tales problemas de la carne y el Espíritu. Sólo basta la obra de la Cruz que rompe el poder de la carne y suelta la vida resucitada de Cristo.

9. En ambos casos, Moisés no se desanimó ni titubeó. Pero hizo frente y dejó que Dios actuara. Al final, sólo Dios soluciona el problema, ya sea perdonando o castigando.

10. En todo esto, el mayor problema potencial para el líder es su propio orgullo.

Liderazgo desde la Cruz

Capítulo 9
JOSUÉ, UN VALIENTE FRENTE A LO IMPOSIBLE

Josué – fiel y valiente frente a lo desafiante
Éxodo 17:8-16; Números 13-14; Josué 1-7

Introducción

En los principios del liderazgo bíblico Jesús es el modelo que nos muestra humildad, mansedumbre y santidad. Estas características se ven reflejadas en algunos personajes del Antiguo Testamento que han dejado huella, tales como Enoc, quien anduvo con Dios y halló gracia (Génesis 5); y Moisés, un siervo que mostró mansedumbre y fuerza de carácter al hacer frente a la severa crítica de su propia familia (Números 12) y la de Coré (Números 16). En este capítulo miraremos la vida de Josué, el asistente de Moisés en la larga trayectoria desde Egipto hasta Canaán, una tarea casi insuperable. Así es la vida del dirigente que Dios usa.

El trasfondo de Josué en la providencia de Dios

Dios llama y prepara a los dirigentes desde el principio de su aprendizaje. Josué era de la tribu de Efraín y hasta su nombre refleja su llamado (Hosea significa "salvación"). El autor anónimo e inspirado lo llama Josué (Hebreos 4:8), "Jesús" es la contracción griega. ¡Qué portento! La primera mención de Josué en Éxodo 33:11 dice: *"Pero el joven Josué hijo de Nun, su servidor, nunca se apartaba de en medio del tabernáculo".* Josué desde su juventud estaba al lado de Moisés como asistente y, luego, lo vemos como administrador y guerrero.

Hay una gran ventaja en empezar a servir a Dios desde la juventud. La gracia nos salva a cualquier edad, pero es mejor una base firmemente puesta como la que tuvo Timoteo, quien la Biblia nos dice que sirvió al Señor desde muy temprana edad. Así se refiere Pablo a su hijo en la fe: *"Desde la niñez has sabido las Sagradas Escrituras, las cuales te pueden hacer sabio para la salvación por la fe que es en Cristo Jesús"* (2 Timoteo 3:15).

En mi caso particular, Dios me permitió poder dedicar mi vida enteramente a la obra misionera desde la edad de 14 años. ¡Qué misericordia la de mi Señor! ¡Qué privilegio y responsabilidad tan grande!

Josué comenzó muy temprano en la guerra espiritual (Éxodo 17:8-16)

Hoy se habla mucho de la guerra espiritual como si fuese algo sólo del Nuevo Testamento o de nuestro tiempo, pero la verdad es que la guerra espiritual era una realidad desde el Huerto de Edén, pues se puede ver claramente en el primer encuentro con la serpiente (Génesis 3:15).

Moisés y Josué supieron lo que era enfrentar este tipo de guerra. No hacía mucho que había salido Israel de Egipto –a *"los quince días del segundo mes"* (Éxodo 16:1)-- cuando comenzaron los problemas por la falta de pan; Dios entonces les dio el maná. Luego otro altercado, la falta de agua en Refidim (17:1, 2). Otra vez Dios triunfó, les dio agua de la Roca (véase 1 Corintios 10:4).

Pero todo no termina aquí. *"Entonces vino Amalec y peleó contra Israel"* (Éxodo 17:8). Moisés le dio a Josué la primera orden, nombrándolo así el guerrero principal. Ése sería su llamado hasta el fin de su vida. *"Escógenos varones, y sal a pelear contra Amalec; mañana yo estaré sobre la cumbre del collado, y **la vara de Dios en mi mano**"* (v.9).

¿Cómo se libró la guerra espiritual? No fue con espada ni con ejército. Es cierto que en el valle estaban los ejércitos dispuestos para combatir, pero la batalla se desarrolló y se ganó realmente desde arriba, donde Moisés mantenía la vara de Dios levantada contra Amalec, quien es un tipo de la carne.

No era ninguna coincidencia que cuando Moisés se cansaba y los brazos se bajaban, las huestes malignas de Amalec abajo prevalecían, pero cuando Aarón y Hur le levantaban los brazos, Josué abajo prevalecía. Se veía el impacto directo, según la causa será el efecto, la vital importancia de la intercesión.

La lucha no fue *"contra sangre ni carne, sino contra principados, contra potestades, contra los gobernadores de las tinieblas de este siglo, contra huestes espirituales de maldad en las regiones celestes"* (Efesios 6:12). Moisés no nos da una explicación teológica, pero es tan patente la causa como el efecto. Esto sería para Josué una lección para la vida. Todo líder debe saber que la eficacia de la oración intercesora hace la gran diferencia en la lucha espiritual.

Moisés, el autor del Pentateuco, nos da el verdadero significado de este evento que marcó la salida de Israel. A Josué le tocaría completar, en cierto sentido, la conquista de Canaán. Jehová le dijo a Moisés: *"Escribe esto para memoria en un libro, y di a Josué que raeré del todo la memoria de Amalec de debajo del cielo"(17:14).* Esto fue una extensión de la guerra espiritual original, cuando Dios dijo: *"Pondré enemistad entre ti y la mujer..."* (Génesis 3:15).

No podría ser ni una tregua ni transigencia con la carne, la enseñanza clarísima la vemos en el Nuevo Testamento (Gálatas 5:17). Lo significativo es que *"Moisés edificó un altar, y llamó su nombre Jehová-nisi (Jehová es mi estandarte)"* (17:15). Esta batalla sirvió como la preparación para la vida futura de Josué.

Josué no olvidaría nunca las palabras de Moisés: *"Por cuanto la mano de Amalec se levantó contra el trono de Jehová, Jehová tendrá guerra con Amalec de generación en generación"* (17:16). Todavía vivimos esa enemistad (Romanos. 8:5-8).

Josué y Caleb, líderes en la encrucijada de Kades Barnea (Números 13, 14)

Moisés, después de una severa crisis y crítica con María y Aarón, su propia familia y otra serie de crisis (Números 12, 16, 20), hizo frente a un nuevo desafío: *"Y Jehová hablo a Moisés, diciendo: Envía tú hombres que reconozcan la tierra de Canaán, la cual yo doy a los hijos de Israel"* (Números 13:1, 2).

De acuerdo con este mandato se escogieron doce hombres, los principales de las doce tribus entre los cuales fueron Josué, de Efraín y Caleb, de Judá. Sabemos bien la historia: reconocieron toda la tierra, los montes, los valles, las ciudades y las plazas fortificadas (v.19). Además regresaron llevando*"un sarmiento con un racimo de uvas, el cual trajeron dos en un palo, y de las granadas de los higos"* (v.23).

El reporte minoritario pero positivo incluyó 24 palabras de lo bueno de la tierra, pero el reporte mayoritario traía 54 palabras negativas. En tal momento de tomar decisiones, Caleb, el vocero de Josué, aquél siendo --no cabe duda-- el mayor de edad, respondió: *"Subamos luego, y tomemos posesión de ella; porque más podremos nosotros que ellos"* (v.30).

Moisés oyó la respuesta de la incredulidad y desobediencia de los diez espías con aun 65 palabras más de rebeldía. El comentario inspirado del Nuevo Testamento sobre este evento se puede leer en Hebreos 3:7-19. Tal comentario nos da el resumen final: *"Y vemos que no pudieron entrar a causa de incredulidad"* (v.19).

Los diez espías exageraron grandemente lo negativo e infundieron temor en el pueblo.*"Se quejaron contra Moisés y Aarón todos los hijos de Israel; y les dijo toda la multitud: ¡Ojalá muriéramos en la tierra de Egipto; o en este desierto ojalá muriéramos! Y por qué nos trae Jehová a esta tierra para caer a espada, y que nuestras mujeres y nuestros niños sean por presa? ¿No nos sería mejor volvernos a Egipto?"* (14:2-3).

En medio de todo esto, Josué y Caleb, los únicos valientes y esforzados, rompieron sus vestidos y con voz unánime apelaron a los israelitas que tuvieran fe en Dios y ocuparan la tierra.

Aparece primero Josué agregando su voz: *"Si Jehová se agradare de nosotros, él nos llevará a esta tierra, y nos la entregará; tierra que fluye leche y miel. Por tanto, no seáis rebeldes contra Jehová, ni temáis al pueblo de esta tierra; porque nosotros **los comeremos como pan**; su amparo se ha apartado de ellos, y con nosotros está Jehová; no los temáis"* (vv.8-9).

¡Qué palabras de fe y confianza de parte de Josué y Caleb! Son dos hombres que han decidido creerle a Dios y se muestran unidos y confiados en la batalla. Me gusta la comparación: *"**los comeremos como pan**"*. Lejos de debilitarnos, nos darán nuevas fuerzas. La competencia en el liderazgo proviene de Dios.

Dios responde enojado ante tanta rebeldía: *¿Hasta cuándo oiré esta depravada multitud que murmura contra mí, las querellas de los hijos de Israel, que de mí se quejan?... Vosotros a la verdad no entraréis en la tierra, por la cual alcé mi mano y juré que os haría habitar en ella; exceptuando a Caleb hijo de Jefone, y a Josué hijo de Nun. Pero a vuestros niños, de los cuales dijisteis que serían por presa, yo los introduciré y ellos conocerán la tierra que vosotros despreciasteis"* (vv.27, 30, 31). Por fin los diez incrédulos murieron, pero quedaron con vida Caleb y Josué. ¡Qué tributo al liderazgo de fe!

Ése fue el momento que definió el carácter de Josué, quien aun siendo el más joven fue puesto por Dios como el futuro sucesor de Moisés. No es nada fácil andar bajo la sombra del liderazgo de un gigante de fe, tal como era Moisés. Pero Josué se probó digno de ser el futuro líder.

Cuando todos los demás decían que no, Josué dijo: *"Los comeremos como pan"*. Éstas son las cualidades del verdadero líder. Pablo nos advierte bien al recordarnos que el líder no debe ser alguien nuevo en la fe. No importa lo notoria que haya sido la conversión, se debe probar a través del crisol del tiempo. Como dice el apóstol, no puede ser *"un neófito, no sea envaneciéndose caiga en la condenación del diablo"* (1Timoteo 3:6).

Muerto Moisés, Josué toma las riendas para dirigir a Israel (Josué 1:1-18)

Moisés había fallado al golpear dos veces la roca (Números 20:1-13). Dios le apoyó delante del pueblo, pero le negó el privilegio de entrar en la tierra prometida. Antes de la muerte de Moisés, Dios le había designado a su sucesor, por lo que Moisés mismo le dijo*: "Esfuérzate y anímate, pues tú introducirás a los hijos de Israel en la tierra que les juré, y yo estaré contigo"* (Deuteronomio 31:23).

¿Quién podría remplazar a Moisés, el gran caudillo, el profeta que era tipo del Mesías mismo? (Deuteronomio18:18). Pero llegó el momento de hacer esta transición difícil. Dios mismo le dijo a Josué: *"Mi siervo Moisés ha muerto; ahora, pues, levántate y pasa este Jordán, tú y todo este pueblo, a la tierra que yo les doy a los hijos de Israel"* (Josué 1:2). Así empezó la gran jornada.

Esta vez no fue el Mar Rojo sino el Jordán, en la temporada en la cual el río se crecía e inundaba todo. Dios le hizo saber que el éxito de esta empresa no dependía de Josué, a pesar de sus años de experiencia, pues desde joven *"nunca se apartaba de en medio del tabernáculo"* (Éxodo 33:11). Dios mismo sería quien les daría la tierra. Era cuestión de levantarse y tomarla.

Pero cuando Dios ordena un mandato tan exigente, también da sus promesas. *"Nadie te podrá hacer frente en todos los días de tu vida; como estuve con Moisés, estaré contigo; no te dejaré, ni te desampararé"* (v.5). Para animarle más, Dios hizo que el pueblo respondiera al reto de Josué diciendo: *"De la manera que obedecimos a Moisés en todas las cosas, así te obedeceremos a ti;*

solamente que Jehová tu Dios esté contigo, como estuvo con Moisés" (Josué 1:17).

El líder nunca se encuentra solo; la presencia de Dios y la fidelidad de sus promesas bastan para cualquier crisis. Pronto vendría una muy grande para Josué.

Después de la victoria de Jericó, la complacencia ante Hai (Josué 7)

Josué, guerrero con mucha experiencia, aceptó de buena gana la estrategia extraña de rodear a Jericó durante siete días. Pero algo imposibilitó la conquista de Hai. Hubo dos pecados: uno, el de Acán tomando del anatema y dos, la complacencia, la auto satisfacción de mandar a unos pocos ya que, según ellos, sería fácil de conquistar.

Israel había perdido esa confianza y total dependencia en Jehová, tanto para lo grande como para lo pequeño. ¡Qué fácil es volver a pensar según la carne! En breve, nuestras acciones hablan por nosotros. Cuando pensamos que podemos hacerlo con nuestro brazo, se nos olvida que no depende del que quiere ni del que corre, sino de Dios que tiene misericordia.

Cualquier líder es frágil; se vuelve tan incrédulo como el pueblo de Dios. Al huir ellos delante de los de Hai, perdiendo a treinta y siete soldados, quedaron desanimados todos, el pueblo, los ancianos y aun Josué mismo.

"El corazón del pueblo desfalleció y vino a ser como agua" (Josué 7:5). Peor aún Josué rompió sus vestidos y dijo: *"¡Ah, Señor Jehová! ¿Por qué hiciste pasar a este pueblo el Jordán, para entregarnos en las manos de los amorreos, para que nos destruyan? ¡Ojalá nos hubiéramos quedado al otro lado del Jordán! ¡Ay, Señor! ¿qué diré, ya que Israel ha vuelto la espalda delante de sus enemigos?"* (vv.6-8).

¿Cómo pudo Josué mismo haber fallado tan rotundamente? La respuesta es fácil. En el momento de la crisis, la carne reaparece muy rápidamente. *"La carne para nada aprovecha"* (Juan 6:63). Ningún líder es invulnerable, mucho menos frente a su propia carne y el "yo".

De inmediato Jehová pone el dedo en la llaga. *"Y Jehová dijo a Josué: Levántate; ¿por qué te postras así sobre tu rostro?* **Israel ha pecado,** *y aún han quebrantado mi pacto que yo les mandé; y también han tomado del anatema, y hasta han hurtado, han mentido, y aun lo han guardado entres sus enseres. Por esto los hijos de Israel no podrán hacer frente a sus enemigos"* (vv.10-12). ¡Qué tremenda lección para Josué! Recordemos que sucedió igual con Ananías y Safira en la iglesia primitiva (Hechos 5:1-11).

Cuando hay pecado en el campamento (iglesia), no puede haber victoria. Quizá el pecado de Acán nos parece pequeño --el dinero, el manto, el lingote de oro--, pero ante Dios no es la cantidad sino la calidad de la acción. Existe una solidaridad en el pueblo de Dios que hasta un pecado escondido puede hacer daño a todo el cuerpo. Le corresponde al líder no voltear la cara y echarle la culpa a Dios, diciendo: "qué voy a decir yo", como si eso no fuese importante para Dios.

El pecado en el campamento requiere ser sacado a luz, es necesario descubrirlo, cueste lo que cueste. No es fácil y hay pocos líderes que tienen la valentía de confrontarlo y tratar directamente con tal pecado. Es más fácil hacer la vista gorda y encubrirlo. O lo que es peor, muchas veces es el mismo líder quien está mal delante de Dios. Pero no hay otra salida, ni éxito barato.

Josué sacó a luz el mal de Acán. Nos parece muy extrema la sentencia de muerte, pero nos da una idea de cómo Dios ve nuestro mal. *"Y le dijo Josué: ¿Por qué nos has turbado? Túrbete Jehová este día. Y todos los israelitas los apedrearon, y los quemaron después de apedrearlos... y Jehová se volvió del ardor de su ira. Y por esto aquel lugar se llama el Valle de Acor ('Puerta de esperanza', Oseas 2:15), hasta hoy"* (vv.25, 26).

Por fin Josué, el líder, aprendió a valorar la obediencia de todo el pueblo para que la bendición de Dios pudiera reposar sobre todo el campamento, y el Señor cumpliera así con sus promesas de dar la victoria en medio de la lucha.

Lecciones fuertes que debe aprender el líder bíblico

1. Desde la juventud Dios llama y prepara a los líderes futuros. No hay por qué dudar.

2. La voluntad de Dios en cualquier situación nos involucra en la guerra espiritual.

3. Los medios espirituales son las únicas armas que bastan (2 Corintios 10:3-5).

4. Adherirnos a la voluntad de Dios puede meternos en el grupo minoritario, poniéndonos en contra de la mayoría.

5. No es cosa ligera dudar de Dios. Por la incredulidad, una generación entera murió en el desierto.

6. Dios honra a quienes optan por creer y ponerse a lado de la fe y la obediencia.

7. Aun un buen líder puede fallar y dudar de Dios, repitiendo las mismas palabras del pueblo infiel (Josué ante la derrota de Hai).

8. A quien Dios llama, le da las fuerzas y la seguridad de sus promesas y presencia.

9. Al final de cuentas todo depende de Dios, no de la experiencia y los talentos del líder.

10. Dios puede equipar al líder, incluso cuando debe suceder a un gran hombre de fe como Moisés. La obra y el éxito son de Dios, y no de nosotros. Ten fe y *"levántate y pasa este Jordán, tú y todo este pueblo, a la tierra que yo les doy a los hijos de Israel"* (Josué 1:2).

Capítulo 10
NEHEMÍAS, EL LAICO QUE DIOS USÓ GRANDEMENTE

Nehemías -- el poder de la oración ante la oposición
Nehemías 1-6

Introducción

Hoy día hay muchos modelos de liderazgo sacados del mundo de la mercadotecnia. La honestidad y el debido rendimiento de cuentas se pueden transferir bien del entorno de la administración moderna, no hay duda de eso. Pero hay otros principios básicos que únicamente se pueden hallar en la Biblia, tales como la humildad, la fe en Dios mismo y, sobre todo, la oración ferviente y la búsqueda del Señor.

Si hay un personaje y administrador ejemplar, es Nehemías. Este líder hizo frente a la tremenda oposición sólo mediante la fe en Dios y la oración ferviente. En los estudios previos, dijimos que Enoc anduvo con Dios; Moisés hizo frente a la crítica familiar y ministerial; Josué hizo uso de la fidelidad y la valentía. En este capítulo veremos las cualidades de Nehemías, quien nos inspira a tener una vida de oración constante; ésa es el arma más poderosa en el liderazgo.

El trasfondo de Nehemías y su época desastrosa (Nehemías 1)

Nehemías servía en el palacio como copero de Artajerjes, el rey persa, una posición de seguridad y honor. Pero su corazón estaba en Jerusalén. Dice la Biblia que cuando preguntó a Hanani, su hermano, quien había venido de Judá, el informe que recibió fue totalmente desolador.

"El remanente, los que quedaron de la cautividad, allí en la provincia, están en gran mal y afrenta, y el muro de Jerusalén derribado, y sus puertas quemadas a fuego" (Nehemías 1:3). Tales palabras despertaron una verdadera crisis en la vida de Nehemías. *"Cuando oí estas palabras me senté y lloré, e hice duelo por algunos días, y ayuné y oré delante del Dios de los cielos"* (v.4).

El verdadero líder responde a la crisis no con pánico sino con un corazón cargado y motivado a buscar al Dios de los cielos—nombre divino y característico de aquella época de los setenta años del cautiverio babilónico (605-538 a. C.).

Bien lejos de Jerusalén, sin medios algunos de lograr nada, siendo únicamente un copero extranjero, Nehemías sabía a quien acudir—al Dios de los cielos. Lo que resulta de esta situación es una oración magistral que toma su lugar con la de Abraham ante Sodoma y Gomorra (Génesis18:22-33) y la de Daniel al estudiar las profecías de Jeremías de los setenta años de cautividad (Daniel 9:3-19).

La oración que apela al carácter y las promesas de Jehová (Nehemías 1:5-11)

En **la primera oración** Nehemías derrama su alma ante Jehová: *"Te ruego, oh Jehová, Dios de los cielos, fuerte, grande y temible, que guarda el pacto y la misericordia a los que le aman y guardan sus mandamientos"* (1:5). La oración reconoce quien es Dios y se oye en ella el eco de Moisés y su intercesión por su pueblo rebelde (Éxodo 32:30-34; 34:6-9).

Luego él confiesa hondamente los pecados de su pueblo como si fuesen los suyos propios (vv.6, 7); en cierto sentido argumenta con Dios apelando a las promesas del pacto para con su pueblo.

Desafía a Dios citando la promesa que hizo a Moisés en Deuteronomio 30:1-5. Termina con mucha reverencia: *"concede ahora buen éxito a tu siervo, y dale gracia delante de aquel varón"* (v.11). Me gusta que no dijera "este rey," porque para Nehemías Artajerjes no era más que "aquel varón".

La segunda oración relámpago y la intervención soberana (Nehemías 2:1-8)

En pocos meses Dios iba a contestar esa oración de la manera más extraordinaria --el poder y la sorpresa divina de la oración. Nehemías hacía su labor diaria de copero ante el rey, pero por la pesada carga que llevaba apareció triste ante el rey. Tal momento de tristeza hizo que el rey le preguntara: *"¿Por qué estás triste tu rostro? Pues no estás enfermo. No es esto sino quebranto de corazón"* (2:2).

Es interesante notar la reacción del rey oriental --famoso por la crueldad-- ante el semblante triste de Nehemías. Sólo Dios puede arreglar las circunstancias comunes y corrientes para poner en marcha sus propósitos llevados a cabo por la oración.

Dios le dio a Nehemías la ocasión de contestarle esa rara pregunta. Su primera reacción fue "gran temor". Pudiera haber sido un momento muy tenso. *"¿Cómo no estará triste mi rostro, cuando la ciudad, casa de los sepulcros de mis padres, está desierta, y sus puertas consumidas por el fuego?"* (v.3). Se aprovechó de la pregunta para contestar.

"¿Qué cosa pides?", fue la pregunta de Artajerjes. Justo en ese momento Nehemías oró al Dios de los cielos y dijo al rey –**la segunda oración:** *"Si le place al rey, y tu siervo ha hallado gracia delante de ti, envíame a Judá, a la ciudad de los sepulcros de mis padres, y la reedificaré"* (v.5). ¡Qué valentía! ¡Qué fe y visión— producto de la oración y el corazón cargado por su pueblo!

Frente a la oración la oposición resalta, pero Nehemías no se desanima (Nehemías 2)

Nehemías reconoció *"la benéfica mano de Dios"* (2: 8) después de recibido el permiso y el apoyo del rey Artajerjes. Todo parecía bien, pero cuando Dios avanza el enemigo interviene. *"Pero oyéndolo Sanbalat horonita y Tobías el siervo amonita, les disgustó en extremo que viniese alguno para procurar el bien de los hijos de Israel"* (v.10). Nehemías aprende la lección número uno. Se espera sin falta la oposición del enemigo a través de la carne representada por el amonita.

Con la sabiduría de un líder bíblico, Nehemías organizó un grupo selecto para reconocer la situación crítica de los muros. Lo hizo de noche y sabiamente dice: *"Vosotros veis el mal en que estamos, que Jerusalén está desierta, y sus puertas consumidas por el fuego; venid, y **edifiquemos** el muro de Jerusalén, y no estemos más en oprobio"* (v.17).

El grupo selecto de colaboradores respondió: ***"Levantémonos y edifiquemos"***. Dice la Biblia que juntos esforzaron sus manos para el bien. Pero como es de esperarse, los dos enemigos no se quedaron de brazos cruzados y reaccionaron diciendo: *"Qué es esto que hacéis vosotros? ¿Os rebeláis contra el rey?"* (v.19).

El avance de la obra y el contraataque del enemigo (Nehemías 3, 4)

Con el apoyo del sumo sacerdote Eliasib se organizó el equipo. La cooperación y el ánimo del pueblo por trabajar resultaron en un gran paso adelante. Me gusta resaltar que las hijas del gobernador de la mitad de la región, Salum, trabajaron con él (3:12). En mi caso particular, tengo cuatro hijas que están en la obra del Señor.

Sin duda alguna, Nehemías se regocijaba con el progreso y más que nada el ánimo del pueblo. Sin embargo, veremos más adelante que el mismo sumo sacerdote, Eliasib, se emparentó con Tobías; así habría un traidor entre el mismo liderazgo (13:4, 28). El líder debe estar alerta, pues a veces entre las mismas filas de los fieles puede haber un futuro cobarde. No hay decepción más desalentadora para el líder que hace frente a tal situación.

Si las cosas andan bien, tenga mucho cuidado porque el enemigo hará su contraataque. *"Cuando oyó Sanbalat que nosotros edificábamos el muro, se enojó y se enfureció en gran manera, e hizo escarnio..."* Su compañero, Tobías, con mucho sarcasmo dijo: *"Si subiere una zorra lo derribará* (el muro)" (4:1, 3).

Lo que sigue es una gran lección para el verdadero líder. ¿Cómo hacer frente a tal escarnio? **La tercera oración:** *"Oye, oh Dios nuestro, que somos objeto de su menosprecio, y vuelve el baldón de ellos sobre su cabeza, y entrégalos por despojo en la tierra de su cautiverio"* (v.4).

Sigue la lucha. Al ver sus enemigos que los muros estaban reparados *"se encolerizaron mucho; y conspiraron todos a una para venir a atacar a Jerusalén y hacerle daño. Entonces **oramos** a nuestro Dios, y por causa de ellos pusimos guarda contra ellos de día y de noche* --la **cuarta oración**-- (vv.7-9).

Tome nota que Nehemías dependía exclusivamente de Dios en la oración, pero de todos modos puso guarda día y noche, haciendo lo que le tocaba hacer. La acción juiciosa no está nunca en contra de la fe y la sumisión a la voluntad de Dios. Si nuestros ojos quedan fijados sólo en el poder de Dios, tomaremos las medidas necesarias para dejar que Dios obre su soberana voluntad. Todo depende de nuestra motivación y enfoque.

Pero también se libró otra batalla porque dentro de pueblo hubo murmuración. El enemigo sabe atacar a los más débiles: *"Y dijo Judá: Las fuerzas de los acarreadores se han debilitado, y el escombro es mucho, y no podemos edificar el muro"* (v.10).

Podemos esperar y prevenir el ataque de afuera, pero ¡qué difícil cuando falta el ánimo y se oyen la queja y la incredulidad desde adentro!

Otra vez Nehemías resistió tal cobardía. Su estrategia fue sabia. *"Entonces por las partes bajas del lugar, detrás del muro, y en los sitios abiertos, puse al pueblo **por familias,** con sus espadas, con sus lanzas y con sus arcos"* (v.13). Nehemías sabía la fuerza de las familias enteras. ¡Cómo debemos guardar el ánimo y la unidad de nuestras familias! De esa manera se puede resistir al enemigo.

Al hacer frente a esta posible sublevación Nehemías exhortó al pueblo. *"Y dije a los nobles, y a los oficiales y al resto del pueblo: La obra es grande y extensa, nosotros estamos apartados en el muro, lejos unos de otros. En el lugar donde oyereis el sonido de la trompeta, reuníos allí con nosotros; nuestro Dios peleará por nosotros"* (vv.19, 20).

Una cosa es exhortar a los demás a trabajar, pero otra muy diferente es poner el ejemplo. Y Nehemías así lo hizo. Nadie podía decir que el líder no hacia su parte, al contrario puso todo su empeño. Dice la Biblia: *"Y ni yo ni mis hermanos, ni mis jóvenes, ni la gente de guardia que me seguía, nos quitamos nuestro vestido; cada uno se desnudaba solamente para bañarse"* (v.23). No hay nada más poderoso que el ejemplo del líder. Cuando un dirigente asume su responsabilidad delante de Dios, no puede haber lugar para la flojera o la hipocresía.

Nehemías maneja con coraje y cautela otro problema más serio (Nehemías 5)

De otro rumbo le llega a Nehemías una dificultad diferente, en cierto sentido la más difícil de tratar. Fue un problema interno de los judíos más ricos que se aprovechaban de sus hermanos más pobres cobrándoles los intereses, la usura. Al saber Nehemías de este escándalo dice*: "Y me enojé en gran manera cuando oí su clamar y estas palabras"* (5:6).

Sin embargo, sintiendo fuertemente el mal que se cernía sobre ellos, Nehemías procedió con cautela --buen consejo para cualquier líder bíblico. *"Entonces lo medité, y reprendí a los nobles y a los oficiales, y les dije: ¿Exigís interés cada uno a vuestros hermanos?".* Siempre es bueno asegurarse de tener el conocimiento pleno del problema, independientemente de lo que digan los acusadores. *"Y convoqué contra ellos una gran asamblea"* (v.7).

Por el buen ejemplo de Nehemías al haberles prestado dinero a los pobres sin cobrarles interés, pudo reprenderlos fuerte y ellos aceptaron su culpa y prometieron rectificar el problema. El secreto en todo esto se repite en los versículos 10 y 14 cuando dice que él y sus hermanos eran rectos al prestarles pero no cobrarles.

Aunque Nehemías era el gobernador dice: *"Ni yo ni mis hermanos comimos el pan del gobernador".* Otros gobernadores antes lo habían hecho sin problema alguno. *"Pero yo no hice así, a causa del temor de Dios... y con todo esto nunca requerí el pan del gobernador, porque la servidumbre de este pueblo era grave"* (vv.15, 18). De nuevo **la cuarta oración breve:** *"Acuérdate de mí para bien, Dios mío, y de todo lo que hice por este pueblo"* (v.19).

La oposición continúa, pero la estrategia diabólica cambia sutilmente (Nehemías 6)

Cuando no pudieron vencer a Nehemías por el escarnio, el sarcasmo y la amenaza, ahora las maquinaciones llegan con un sonido pacífico y tentador. En el momento en el que están a punto de terminar el muro, llega la invitación: *"Sanbalat y Gesem enviaron a decirme: Ven y reunámonos en alguna de las aldeas en el campo de Ono"* (6:2).

97

¡Qué sabia la pronta respuesta de Nehemías! *"Yo hago una gran obra, y no puedo ir; porque cesaría la obra, dejándola yo para ir a vosotros"* (v. 3). Los enemigos revelaron su intento al hablar de enviar una carta al rey acusándoles de la deslealtad, para Nehemías una acusación muy seria. Aun así rechaza la invitación. Nehemías recurre de nuevo a Dios, ésta es **la quinta oración:** *"Ahora, pues, oh Dios, fortalece tú mis manos"* (v.9).

Otra maquinación más peligrosa. Los dos enemigos habían sobornado a Semaías quien vino a Nehemías con el urgente consejo de que se reunieran los dos en el templo y que cerraran las puertas porque venían para matarle. Nehemías discernió que no era de Dios y respondió con valentía y cometido; *"¿Un hombre como yo ha de huir? ¿Y quién, que fuera como yo, entrarían al templo para salvarse la vida? No entraré"* (vv.10, 11).

Ahora Nehemías recurre a **la sexta oración** del libro: *"Acuérdate, Dios mío, de Tobías y de Sanbalat, conforme a estas cosas que hicieron; también acuérdate de Noadías profetisa, y de los otros profetas que procuraban infundirme miedo"* (v.14). ¡Qué difícil debe haber sido para Nehemías con sus colegas criticándolo e infundiéndole miedo! Pero Dios estuvo con ellos. Estas palabras nos dan el resultado de tanta carga y pasión: *"Fue terminado, pues, el muro, el veinticinco del mes de Elul, en cincuenta y dos días"* (v.15). Dios bendijo su constancia y fidelidad.

Por haber pasado por tanta prueba usando la oración como el arma más efectiva, Nehemías nos deja un ejemplo de un verdadero líder bíblico. En el libro entero, **Nehemías eleva 11 oraciones a Jehová: 1:5-11; 2:4; 4:4-5; 4:9; 5:19; 6:9, 14; 13:14, 22, 29 y termina el libro con la última oración en 13:31.** Se pueden enumerar nueve oposiciones distintas, pero a través de la oración Nehemías conquistó las grandes dificultades. Si estamos bajo el poder y la voluntad de Dios, lo podemos hacer nosotros.

Lecciones fuertes que debe aprender el líder a través de la vida de Nehemías:

1. Dios puede usar a un laico como el copero del rey. No hay límite en lo que Dios puede hacer. Tanto Nehemías como Daniel son maravillosos ejemplos de este principio.

2. La vida de oración era el baluarte de Nehemías; esto se puede ver en su reacción inmediata al oír de la triste condición de su amada Jerusalén.

3. Nehemías dejó que Dios lo fortaleciera a través de la oración al planear con un grupo selecto su visión y plan de ataque.

4. Cada vez que Sanbalat y Tobías presentaban su oposición por medio del escarnio, sarcasmo y amenazas, Nehemías retornaba a la oración eficaz.

5. En medio de la construcción de los muros, Nehemías mantenía un correcto balance entre la oración (lo humanamente pasivo) y el estar en guardia (lo humanamente activo).

6. Nehemías hacía frente, mediante la fe y la oración, a la variedad de los problemas: externos, internos, la avaricia de los ricos, la murmuración de los de Judá y hasta los falsos profetas que le trataron de infundir miedo.

7. Su fe y contacto con Dios a través de la oración le dio ánimo, discernimiento y valor en los momentos de mayor decepción.

8. Y sobre todo, debemos aprender de Nehemías su vida de integridad, disciplina, y oración. Los demás siguieron su ejemplo. Practicaba lo que profesaba, ésa es siempre la clave del éxito divino.

Liderazgo desde la Cruz

Capítulo 11
ISAÍAS Y ESE ENCUENTRO CON EL TRES VECES SANTO

Isaías – vio a Jehová, quedó quebrantado y fue comisionado
Isaías 6:1-13

Introducción

Isaías ha sido llamado el "quinto evangelista" porque su mensaje resuena a través de los dos testamentos: el doble tema del Salvador de Israel y su vívida descripción del Mesías en su muerte vicaria, y hasta la resurrección (Isaías 53). Se destaca como el profeta mayor entre todos. Su nombre quiere decir *"Jehová es salvador"*, muy semejante al significado de Josué y Jesús.

El mensaje de Isaías y sus dotes literarios no fueron igualados por ningún otro en el Antiguo Testamento. Era un varón de Dios. Un hombre llamado y perdonado por Dios. Un varón en la mano del Señor. El profeta, sin duda, era una "saeta bruñida" (Isaías 49:2).

No se sabe mucho del parentesco de Isaías. Algunos creen que era de sangre real, lo cierto es que tenía acceso a los reyes y al templo. Se considera que su ministerio abarcó por lo menos unos cuarenta años o más (740-701 a.C.), desde la muerte de Uzías (Isaías 6:1) hasta los reinados de Jotam, Acaz (el apóstata) y Ezequías (el bueno).

Isaías vivió el esplendor de los últimos años de Uzías, la maldad de Acaz, el avivamiento bajo el reinado de Ezequías y la invasión

101

de Senaquerib en 701 a.c. Durante su vida presenció el surgir de los asirios, la caída de Samaria (722 a.c.) y el levantamiento de Babilonia como el futuro enemigo de Judá. Isaías era un personaje clave en el trayecto del pueblo de Dios. La leyenda nos dice que murió "aserrado" (Hebreos 11:37).

El trasfondo histórico de la era de Isaías

Para apreciar el ministerio de Isaías se tiene que entender su trasfondo histórico. Vivió las glorias de Uzías quien reinó por 42 años. Bajo Uzías, Judá se volvió a la grandeza de David y Salomón, pero tal engrandecimiento resultó en el orgullo de Uzías. Dice la Biblia que cuando ya era fuerte, su corazón se enalteció para su ruina.

Uzías se rebeló contra Jehová su Dios, entrando en el santuario para ofrecer incienso. Cuando fue reprendido en su desafío por el sumo sacerdote, Azarías, se volvió leproso. Uzías tuvo que salir precipitadamente. Lo perdió todo, teniendo que retirarse de su gloria bajo el estigma de la lepra.

¡Qué tremenda lección para Isaías! Y dice la Biblia que el profeta se fijó en eso: *"En el año que murió el rey Uzías vi yo al Señor"* (Isaías 6:1). No fue una simple coincidencia los dos eventos, la muerte de Uzías y el encuentro de Isaías con Jehová, sino que para él fue motivo de un auto examen serio y profundo.

Podemos decir, entonces, que Isaías ya era profeta cuando vio al Señor. Su elocuencia en el capítulo uno, al describir la hipocresía de Judá, se destaca. La profecía del reinado universal del Mesías del capítulo 2 se ve también en Miqueas 4:1-3. Pero no sólo eso, podemos ver también la profecía en contra de Jerusalén y Judá del capítulo 3, el glorioso futuro de la santa ciudad del capítulo 4 y la famosa parábola de la viña, el pueblo de Judá. Todo esto revela su llamado, sus talentos y la bendición de Dios en su ministerio público.

Un encuentro directo e íntimo con Jehová (Jesús pre encarnado)

Antes de seguir adelante es bueno captar lo que el apóstol Juan vio en Isaías. El evangelista cita al profeta: *"Cegó los ojos de ellos, y endureció su corazón; para que no vean con los ojos, y entiendan con el corazón, y se conviertan, y yo los sane. **Isaías dijo esto cuando vio su gloria, y habló acerca de él**"* (Juan 12:38 - 41).

Lo que estamos a punto de estudiar fue una revelación de Cristo pre encarnado, que Dios le dio a Isaías en su gracia. Esto lo sabemos porque este encuentro cambió el rumbo de Isaías, el indispensable encuentro con Cristo que cada líder bíblico necesita tener.

Es cierto que no nos ha tocado a nosotros un encuentro tan dramático y espectacular como el que Dios le dio a su profeta; sin embargo, es menester que cada uno tenga por fe *"espíritu de sabiduría y de revelación en el conocimiento de él, alumbrando los ojos de vuestro entendimiento, para que sepáis cuál es la esperanza a que él os ha llamado, y cuáles las riquezas de la gloria de su herencia en los santos, y cuál la supereminente grandeza de su poder para con nosotros los que creemos, según la operación del poder de su fuerza"* (Efesios 1:17-19).

No importa tanto la experiencia misma ni la variedad de tal revelación, pero debe haber semejante encuentro a nivel de nuestro andar y por fe. Esto no tiene que ser una "segunda obra de gracia" sino una extensión de caminar por fe y no por vista (2 Corintios 5:7). No es tanto el cuándo ni el cómo, sino el qué que resulta en un quebrantamiento, una muerte al «yo» y la dedicación o re-dedicación de nuestro espíritu a luz de la Cruz.

La majestuosidad de Jehová (Isaías 6:1-4)

Sin duda la muerte de Uzías puso en agudo relieve el precio alto que pagó por su orgullo. Fue llamado a ser rey por Dios, pero se desvió tras los honores y los privilegios de tal puesto. Dios nos honra con la dignidad de nuestro ministerio, pero sólo un paso falso nos separa de ese honor.

Es muy fácil llegar a tomar para uno mismo el honor de hablar por Dios como si fuese el suyo propio. En lugar de ser mayordomo de lo dado y dar gracias a Dios, podemos llegar a ser dueños de ese honor y como Uzías pagaremos un precio muy alto. Hasta Lucero, el que fue el querubín más hermoso (Ezequiel 28:11-17), empezó a contemplar su hermosura y la tomó como suya y dio principio al pecado, el de orgullo.

Dios tendría que tratar de antemano con Isaías en esta área tan delicada. El líder puede ponerse en gran peligro cuando Dios lo bendice y lo usa. Es tan fácil dejar reinar el orgullo secreto. ¡Cuántos pastores han caído precisamente en este momento peligroso! ¿Quién no conoce a varios pastores y obreros que han caído?

En una iglesia que nos sostiene en oración, los últimos dos pastores cayeron, uno frente a la pornografía secreta y el último agotado en una crisis espiritual, habiendo perdido su llamado en un "burn out". He conocido a unos colegas aquí que en medio del ministerio perdieron su ánimo y abandonaron el ministerio.

Es interesante que Isaías viese a Jehová en el templo, en ese ambiente en que se mueve Dios. La descripción habla por sí sola: *"Vi yo el Señor sentado sobre un trono alto y sublime, y sus faldas llenaban el templo. Por encima de él había serafines; cada uno tenía seis alas; con dos cubrían sus rostros, con dos cubrían sus pies, y con dos volaban"* (Isaías 6:1, 2). La gloria era tan extrema que aun las criaturas más sublimes no podían verlo, mucho menos una criatura pecaminosa.

El constante llamar del uno al otro era: ***"santo, santo, santo"***. Estaban ante el tres veces santo, Dios Trino. Es Jehová de los ejércitos, el todopoderoso. Hasta las quiciales se estremecieron y la casa se llenó de humo, recordatorio de la consagración del tabernáculo (Éxodo 40:34-38). La santidad de Jehová (Jesús pre encarnado) hubiera consumido a toda criatura si no fuera por la misericordia de Dios. Con razón dice Juan: *"A Dios nadie le vio jamás; el unigénito Hijo, que está en el seno del Padre, él le ha dado a conocer"* (griego - le ha revelado--exégesis Juan 1:18).

La absoluta humillación de Isaías (Isaías 6:5-7)

En el mismo instante no pudo haber sido otra la reacción, aun de Isaías honrado por el don de la profecía. *"Entonces dije; ¡Ay de mí! que soy muerto; porque siendo hombre inmundo de labios, y habitando en medio de pueblo que tiene labios inmundos, han visto mis ojos al Rey, Jehová de los ejércitos"* (6:5). Esos labios tan elocuentes motivados tantas veces quizá por el orgullo humano se volvieron inmundos y silenciosos.

Isaías no le echó la culpa al pueblo, antes confesó primero su propia inmundicia. Luego en otro lugar dice: ***"Si bien todos nosotros somos como suciedad, y todas nuestras justicias como trapo de inmundicia*** *(el cuadro es de trapos de la sangre menstrual)****; y caímos todos nosotros como la hoja, y nuestras maldades nos llevaron como viento"*** (Isaías 64:6). Es una descripción fuerte y fea, pero Isaías sabía bien de qué estaba hablando. Citamos este versículo a los incrédulos en evangelismo, pero sigue siendo una descripción de todo lo que procede de nuestra carne, el viejo hombre ya crucificado con Cristo (Romanos 6:6).

El líder bíblico no tiene el derecho de hablar por Dio hasta verse tal como Dios lo ve (bien feo). Uno no puede producir esta revelación. Ni la busca porque no es nada agradable. Le tiene que llegar en el momento del encuentro con Dios. ***Dios se reúne con nosotros cuando ve la seriedad y "el hambre y sed de justicia"***

(Mateo 5:6) *que dejamos que el Espíritu produzca en nosotros. Dios nos visita cuando en serio le vamos a obedecer.*

El quebrantamiento en alguna forma es absolutamente necesario. Puede llegar a nosotros por un fracaso nuestro, una situación injusta, algún sufrimiento que Dios permite entrar en la vida. Pero nos lo manda para bendecirnos más. *"Y aunque era Hijo, por lo que padeció aprendió la obediencia"* (Hebreos 5:8).

Mi testimonio personal, una entrada en la victoria que se mantiene sólo por andar HOY por fe en esa muerte.

Me gustaría contar un poco de mi testimonio. En mi primer pastorado en Winnipeg, Manitoba, en Canadá (1949-1954), no quedaba satisfecho con el progreso espiritual de los miembros. Claro a mi parecer, la culpa era de ellos; no entendían su unión con Cristo. Se me ocurrió exponer el libro a los Romanos.

En esta serie expositiva de la epístola llegué, en el propósito divino, a mi texto Romanos 6:6. Recuerdo que era un domingo del frío invierno canadiense. *"Sabiendo esto, que nuestro viejo hombre fue crucificado juntamente con él, para que el cuerpo del pecado sea destruido—cancelado—a fin de que no sirvamos más al pecado".*

Grande fue mi consternación cuando el Espíritu me dijo, no en voz audible sino a mi espíritu: "Tú, Ernesto, eres hipócrita. ¡No conoces nada de esto!". Pensé entonces: "¡No es posible!". Había estudiado mi unión con Cristo por unos siete años en dos escuelas; había leído docenas de libros sobre tal tema. La verdad es que lo creía en mi intelecto. Sin embargo, el Espíritu mismo me confrontó. Entonces respondí: "¿Cómo puede ser, Señor?". Tuve que admitir en dicho momento que no lo conocía de corazón.

¡Qué golpe y revelación de mi urgente necesidad, la cual había ignorado por tanto tiempo! Esa noche en oración con mi esposa dije: "Señor, cuésteme lo que me cueste, tengo que conocer esto, si no, no sigo en el ministerio". Era honesto y desesperado, pero no sabía qué hacer.

Pasaron unos meses y en la primavera de 1952 me llegó la primera invitación para ser conferencista en una iglesia que conocía bien en el norte de Minnesota. Llegué solo, en autobús, para la conferencia de cinco días. Había estudiado mucho, orado y preparado los mejores sermones posibles; todo —claro-- para la gloria de Dios, eso decía y creía yo.

Al llegar allá dependiendo del Señor, había olvidado un poco cómo Dios había confrontado mi hipocresía. El sábado por la noche me dijo el pastor interino: "Hay otro conferencista, Ed Folden, pero quiero que tú prediques mañana en la mañana".

Pensé dentro de mí --porque sería orgulloso y muy feo haber dicho semejante cosa: ¡Qué bien me escogió a mí para el domingo en la mañana! No dije nada, pero ése era mí pensamiento. Mi primera reacción fue la de suprimir esas ideas que invadían mi interior. Sabía muy bien que no debía pensar así. Pero era víctima de mi orgullo espiritual y me sentía culpable por estos pensamientos.

Con esta lucha interior, prediqué ese domingo sobre el encuentro de Abraham con Dios al ofrecer a Isaac, su único hijo amado. Dios había tratado conmigo esa verdad en mi tiempo en el Instituto Bíblico. Fue una victoria en aquel entonces. Prediqué y como de costumbre nada pasó. Pero en la tarde le tocó a Ed Folden hablar. Hubo un pequeño detalle, pero tan insignificante que me mató; él no subió él a la plataforma, se quedó en frente, de pie, desde allí abrió la Biblia y habló.

No recuerdo nada del sermón. Sentado, en la primera banca, Dios me dio una paliza bien fuerte. El Espíritu Santo, como me había hablado antes así lo hizo ahora: "Ernesto, tú eres un hipócrita. No sabes lo que predicas. Quiero que confieses tu orgullo, batallas y fracasos con los malos pensamientos".

En mi interior, comencé a defenderme "¿Pero qué van a pensar de mi, Señor, después de haber predicado esta mañana sobre la **Entera Consagración?** Señor, me van a correr para la casa". Hacía tiempo que le venía diciendo a Dios: "Si tú me hablas claramente, sea lo que sea, te voy a obedecer".

Luego de batallar con mi orgullo, por fin dije: "Sí, Señor, te voy a obedecer, cuésteme lo que me cueste". Antes de terminar de hablar Ed Folden, pedí la palabra y ante todos empecé a confesar mi orgullo espiritual, mis fracasos. Pronto me eché a llorar, de tal modo que no pude de ninguna manera continuar. Me senté humillado y llorando, pero por primera vez en mi vida estuve libre de ese disfraz falso de mi hipocresía.

En medio de toda esta situación, llegó precisamente a mi corazón aquel texto sobre el cual antes predicaba con tanto entusiasmo: *"Sabiendo esto que **Ernesto** fue crucificado juntamente con él (...)"*. Ése fue mi encuentro personal cuyo impacto sigue conmigo hasta el día de hoy.

Pero el culto no terminó con mi confesión. Los hermanos a quienes conocía, se pusieron en pie y confesaron públicamente sus pecados y sus divisiones antes escondidas. Hubo un toque de avivamiento, no por mí sino por el mensaje del hermano. Vimos también en esa reunión un ejemplo del quebrantamiento divino. Fue la primera vez que presencié en mi ministerio el toque divino de un avivamiento verdadero.

Terminamos el culto a las cinco de la tarde. El mismo pastor me pidió otra vez que predicara en la noche. Te aseguro que no pensé: "¡Ah, a mí me toca predicar dos veces!". Al contrario le dije a Dios desde lo más profundo de mí: 'Señor, de ninguna manera puedo predicar esta noche. No soy digno de hablar por ti". Y me respondió el mismo Espíritu: "Ernesto, nunca serás digno de predicar por mí, pero predica la Palabra".

Entré en la victoria por el quebrantamiento y el conocimiento de Romanos 6:6, mi verso favorito. Claro una experiencia por grande que sea, no dura por siempre. He tenido que volver vez tras vez a esa verdad libertadora y afirmarla y abrazarla. Dios dice que ya morí yo, Ernesto, con Cristo y que él vive en mí. Es una actitud para guardar y mantener por fe. Pero ahora se me hace mucho más fácil aceptar mi muerte con Cristo porque vive él en mí y yo en él.

El perdón y la restauración de Isaías preparado para servir (Isaías 6:6-9)

Tan real y definido fue el quebrantamiento de Isaías, como también lo fue la purificación divina. Lo crítico no es el quebrantamiento sino el perdón que tocó precisamente el mal. *"Y voló hacia mí uno de los serafines, teniendo en su mano un carbón encendido, tomado del altar con unas tenazas; y tocando con él sobre mi boca, dijo: He aquí que esto tocó tus labios, y es quitada tu culpa, y limpio tu pecado"* (6:6, 7).

Dios conoce el nivel de seriedad y compromiso tuyo y responde inmediatamente. Seguir al Crucificado no puede significar menos que muerte, vergüenza, humillación, pero éste es el camino de la Cruz, el camino hacia la victoria en toda área de la vida. Hay un precio que pagar, pero sobresale la libertad que Cristo trae.

Ponga atención en el carbón que tocó los labios, área tan sensible y tierna. La lengua expresa el mal del corazón y la Cruz está puesta precisamente donde está el mal. No es pura consecuencia lo que sigue: *"Después oí la voz del Señor, que decía: ¿A quién enviaré, y quién irá por nosotros?"* (v.8). Ésta es la lógica divina, sin quebrantamiento no puede existir el verdadero envío. Ya no hay barrera alguna. Isaías responde: *"Heme aquí, envíame a mí. Y dijo; Anda, y di a este pueblo…"* (vv.8, 9).

A veces se usa esta porción como un llamado misionero. Está bien, pero viene en el contexto de un quebrantamiento en la vida del que ya ejerce su llamado. Dios sólo envía a quienes se ven y toman su lugar con Cristo en la cruz --una vida muerta al pecado, al «yo», y una vida resucitada y disponible al Espíritu. ¡Quiera Dios que sea así en ti y en mí!

Lecciones fuertes para aprender a través del quebrantamiento y restauración de Isaías

1. Isaías probablemente era profeta ya elocuente y usado por Dios, pero no había visto al Señor ni se había visto a sí mismo. Es posible estar en la obra sirviendo sin verse como es uno en realidad.

2. La vida de Uzías y su muerte bajo castigo por su orgullo es para nosotros una fuerte lección.

3. La santidad de Dios nos confronta; ninguno puede estar en su presencia sin ser quebrantado. Delante de él, no cabe el orgullo que se manifiesta a través de la lengua en mil maneras.

4. Dios sabe tocar esa área de nuestro mal. Debemos admitir en términos claros y definitivos los pecados nuestros. No eches la culpa a nadie más sino sólo a ti mismo.

5. El carbón tocó sus labios --le dolió en gran manera--, pero lo sanó; tan inmediata fue la "crucifixión" como la restauración. Compara: *"¡Miserable de mí!, ¿quién me librará de este cuerpo de muerte? Gracias doy a Dios, por Jesucristo Señor nuestro"* (Romanos 7:24, 25a).

6. De golpe la carga del corazón de Dios busca a quién enviar porque el tal está preparado.

7. El quebrantado y el restaurado sale con "humildad y mansedumbre", de acuerdo con la primera ley del Maestro: *"Llevad mi yugo sobre vosotros, y aprended de mí, que soy*

manso y humilde de corazón; y hallaréis descanso para vuestras almas" (Mateo 11: 28-30).

8. El liderazgo bíblico depende de Cristo que nos reduce el «yo» a la nada para que él tenga la preeminencia en todo (Colosenses 1:18; 1 Corintios 1:25-31). Otra vez volvemos a la Cruz para que el Espíritu Santo haga su obra en nosotros ya unidos a Cristo crucificado y resucitado (Romanos 6:1-14).

Capítulo 12
DANIEL, UN POLÍTICO ÍNTEGRO Y FIEL

Daniel – un ejemplo de integridad a toda prueba
Daniel 1, 2, 4, 6, 9

Introducción

Termino esta serie de estudios, **Liderazgo desde la Cruz - principios y personajes,** con la vida de Daniel. Conviene considerar a este personaje quien junto con José son dos santos del Antiguo Testamento de quienes las Sagradas Escrituras no nos dan datos negativos, y no es que fuesen perfectos sino que se caracterizaron por ser **íntegros y fieles durante toda su vida.** Ezequiel afirma que tal era la santidad de Noé, Daniel y Job que ellos serían los únicos justificados en el día de juicio. ¡Una recomendación muy alta!

Respecto a este tipo de integridad a toda prueba, el apóstol Pablo dice: *"Pero de ninguna cosa hago caso, ni estimo preciosa mi vida para mí mismo, con tal que acabe mi carrera con gozo, y el ministerio que recibí del Señor Jesús, para dar testimonio del evangelio de la gracia de Dios"* (Hechos 20:24). No hay mejor meta que terminar bien, sin mancha y sin remordimiento alguno. Tal es mi deseo personal en esta etapa final de mi carrera.

El joven Daniel sumido en una cultura pagana e idólatra (Daniel 1)

¡Qué brusco y abrumador debió haber sido el impacto que sufrió Daniel y sus compañeros al ser llevados cautivos a Babilonia en la primera invasión de Nabucodonosor, quien en ese momento era general y quien luego llegó a ser rey del imperio más potente del mundo antiguo (605 a.C.)!

Sabemos que Daniel fue escogido por ser *"del linaje real de los príncipes"* (Daniel 1:3). La Biblia dice que el rey de Babilonia, lo mandó a llamar por su conducta. Eran muchachos en quienes no había tacha alguna, *"de buen parecer, enseñados en toda sabiduría, sabios en ciencia y de buen entendimiento, e idóneos para estar en el palacio del rey"* (v.4). También mandó al jefe de los eunucos que les enseñase las letras y la lengua de los caldeos.

No alcanzamos a imaginarnos la pérdida devastadora de los padres, del acceso al templo y la inmersión en un ambiente totalmente ajeno a toda su vida anterior. Daniel sufrió todo esto a la tierna edad de dieciocho años, aproximadamente. Pero Dios lo había preparado, precisamente, para esta hora tan crítica y para todo su pueblo en el futuro por más de 70 años.

Daniel frente a la primera prueba fuerte de su tierna edad (Daniel 1:5-21)

No tardó mucho antes que tuviera que hacer frente a la prueba máxima de su joven vida. *"Y les señaló el rey ración para cada día, de la provisión de la comida del rey, y del vino que él bebía; y que los criase tres años, para que al fin de ellos se presentasen delante del rey"* (1:5). Otra vez su vida es impactada por los acontecimientos.

Los nombres de los cuatro jóvenes fueron cambiados por otros, identificándolos con los mismos dioses paganos de Babilonia. Por ejemplo, el nombre de Daniel --que significa "mi juez es Dios"--

114

fue cambiado por el de Beltsasar —que significa mi vida está protegida por Bel, nombre del dios Saturno.

Pero los cuatro confrontaron una situación de vida o muerte. Ante un déspota capaz de matar a quien no lo obedeciese, Daniel *"propuso en su corazón no contaminarse con la porción de la comida del rey, ni con el vino que él bebía; pidió, por tanto, al jefe de los eunucos que no se le obligase a contaminarse. Y puso Dios a Daniel en gracia y en buena voluntad con el jefe de los eunucos"* (1:8, 9). Si se lee con cuidado, fue iniciativa de Daniel la proposición que al fin de cuentas resultaría en beneficio de los otros tres.

Poniendo en riesgo su vida, Aspenaz estuvo dispuesto a aceptar la alternativa creativa que Dios le dio a Daniel. Después de sólo diez días de prueba con la dieta los cuatro jóvenes se veían más robustos y más fuertes que los demás ¡Debieron haber sido buenos frijoles!

Lo llamativo, sin embargo, no fue su salud sino la fuerza del carácter, la dedicación, la integridad demostrada por Daniel desde su tierna edad, aun cuando estaba en juego su vida y su futuro. No fue una decisión tomada a la ligera sino con base en una entrega total, cualidad que caracterizó a este hombre de Dios hasta el final de su vida. *"Y continuó Daniel hasta el año primero del rey Ciro"* (538 a.C.) (Dan.1:21).

Lo que empieza bien termina bien; de igual manera lo que empieza mal termina mal. Daniel puso su vida en la línea desde la primera prueba. Al final de los tres años, los cuatro hebreos terminaron mejores que todos los demás. Jehová le había dicho a Elí: *"Nunca yo tal haga, porque yo honraré a los que me honran, y los que me desprecian serán tenidos en poco"* (1 Samuel 2:30).

Daniel empezó con una decisión determinante que le serviría por el resto de su carrera profesional. Sí que tal era la vida de Daniel, un político bendecido por Dios en medio de los dos imperios de alcance mundial, Babilonia y Medo Persia. Se destaca por su integridad y fidelidad en las circunstancias más difíciles y turbias.

Daniel, en la cúspide de su carrera profesional, frente a las dos visiones del rey (Daniel 2)

Después de esa primera prueba magna, Daniel estaba preparado para el próximo desafío. En el año segundo del reinado de Nabucodonosor, el rey soñó con un dilema muy grande. Tan grande fue la crisis sicológica del rey que estaba a punto de matar a todos los sabios de su reino si no le revelaban el significado del sueño.

Pidió lo imposible y por lo tanto todos los sabios estaban en plena crisis. *"No hay hombre sobre la tierra que pueda declarar el asunto del rey; además de esto, ningún rey, príncipe ni señor preguntó semejante cosa a ningún mago ni astrólogo ni caldeo. Porque el asunto que el rey demanda es difícil, y no hay quien lo pueda declarar al rey, salvo los dioses cuya morada no es con la carne"* (Daniel 2:10, 11).

Precisamente en la salida del capitán para matar a los sabios (v.14), Daniel se ofreció primero a él y luego al rey mismo para declarar el sueño. Una vez más Daniel mostró su total confianza en Dios y sólo pidió un tiempo. De inmediato reunió a los tres compañeros *"para que pidiesen misericordias del Dios del cielo sobre este misterio, a fin de que Daniel y sus compañeros no pereciesen con los otros sabios de Babilonia"* (v.18).

A tiempo oportuno Daniel puso alto a la masacre de los demás y pidió entrada al rey con una valentía nacida sólo en la pura fe en Dios y dijo:*"El misterio que el rey demanda, ni sabios, ni astrólogos, ni magos ni adivinos pueden revelar al rey. Pero hay un Dios en los cielos, el cual revela los misterios, y él ha hecho saber al rey Nabucodonosor lo que ha de acontecer en los postreros días"* (vv.27, 28). Sabemos que Dios encomendó a Daniel a revelar una de las visiones de mayor importancia, cuya culminación todavía esperamos.

La historia del mundo antiguo confirma la interpretación bíblica y en el pronto futuro inmediato se cumplirá hasta el último detalle. De nuevo Dios *"engrandeció a Daniel y le dio muchos honores y grandes dones, y le hizo gobernador de toda la provincia de Babilonia, y jefe supremo de todos los sabios de Babilonia".* Daniel usó sus buenos oficios para poner a los tres compañeros sobre los negocios de la provincia (v.49). No sería la última vez que Daniel estaría frente al gran rey. Resultaron dos tributos del rey mismo sobre la soberanía del Dios de los cielos (vv.46-49).

Si la primera revelación era de alcance del futuro, la segunda revelación tocaría profundamente la misma vida de Nabucodonosor. En las mismas palabras del rey, cuenta su visión perturbante: *"Yo Nabucodonosor estaba tranquilo en mis casa, y floreciente en mi palacio. Vi un sueño que me espantó, y tendido en cama, las imaginaciones y visiones de mi cabeza me turbaron"* (4:4, 5).

Sabemos la historia de un gran árbol, el vigilante que decretó la caída y el juicio contra el rey. Por siete tiempos éste sería cambiado y recibiría el corazón de una bestia. *"La sentencia es por decreto de los vigilantes, y por dicho de los santos la resolución, para que conozcan los vivientes que el Altísimo gobierna el reino de los hombres, y que quien él quiere lo da, y constituye sobre él al más bajo de los hombres"* (4:17).

Esta intervención de Dios por medio de Daniel resultó en la declaración más definitiva sobre el significado de la cabeza de oro (2:32, 37). El Dios soberano es quien pone y quita al rey. El Señor se honró de manera excelsa. Nabucodonosor dio testimonio de la

117

supremacía de Dios por encima de todos los reyes de la tierra. (4:34-37).

Hasta el final de sus días, Daniel mostró el mismo compromiso con su Dios (Daniel 6)

A pesar del reinado largo de los babilonios, Daniel se mantenía en el favor de los sucesores paganos, cosa increíble. Sólo la integridad absoluta y la constancia pueden lograr aquello. Con tan drásticos cambios de imperio viene siempre la caída de los políticos, pero no la de Daniel. Ahora mantenía el favor de los nuevos conquistadores, los medo persas. *"Pero Daniel mismo era superior a estos sátrapas y gobernadores, porque había en él un espíritu superior; y el rey pensó en ponerlo sobre todo el reino"* (6:3).

Pero un complot insidioso se tramaba. La envidia y el odio de los demás persas hicieron que estos malvados propusiesen al rey Darío una ley que le diese al monarca estatus de un dios, tentación inevitable para el orgullo de un monarca. Se firmó la ley con el fin de ponerle a Daniel una trampa contra su vida devocional, sus oraciones y la costumbre que ya le había fortalecido a través de las décadas de fiel servicio a los dos imperios.

Daniel, quien estaba al tanto de la trampa que se cernía sobre él, no cambió para nada su horario espiritual. *"Cuando Daniel supo que el edicto había sido firmado, entró en su casa, y abiertas las ventanas de su cámara que daban hacia Jerusalén, se arrodillaba tres veces al día, y oraba y daba gracias delante de su Dios, como lo solía hacer antes"* (6:10).

Se sabe bien la historia. El rey consternado tuvo que ejecutar la ley metiendo a Daniel en el foso de los leones, pero con la confianza puesta en Daniel y su Dios: *"El Dios tuyo, a quien tú continuamente sirves, él te libre"* (6:16). ¡Qué testimonio de otro rey pagano a favor de la integridad de Daniel! Resultó que salió sin lesión alguna y los detractores perdieron la vida en el mismo foso. Por tercera vez en la vida de este extranjero, los representantes decretaron un edicto alabando al Dios de Daniel (2:47; 4:34-37; 6:26-27).

En la cumbre de la vida de Daniel, la oración y la visión de las Setenta Semanas (Daniel 9)

La vida de Daniel es ejemplar en muchas maneras. Daniel, José y Nehemías son ejemplos de políticos en mundos muy ajenos a la voluntad de Dios, que no fueron comprados por el mundo y sus valores materialistas y ateístas. Son pocos los que han podido resistir la seducción del poder político, el dinero y el prestigio, pero Dios sí puede preservarlos y mantenerlos firmes. Estos tres guardaron mucho su vida espiritual. Sólo así Dios puede fortificar al siervo.

Al final de una vida exitosa en gran manera, mientras se dedicaba al estudio del profeta Jeremías, Dios le concedió el honor de recibir la visión que más claramente revelaría la trayectoria del Mesías hasta el reino milenial, *la Visión de las Setenta Semanas.* En breve, Dios le permitió a Daniel un croquis de toda la historia de su nación y Jerusalén. Le contestó su oración mucho más allá de su petición de saber qué seguiría después de los setenta años. Dios siempre nos da más de lo que pedimos.

Pero primero se tiene que colocar en el contexto la pasión de Daniel. *"En el año primero de su reinado (Darío), yo Daniel miré atentamente en los libros el número de los años de que habló Jehová al profeta Jeremías, que habían de cumplirse las desolaciones de Jerusalén en setenta años"* (9:2; compárense con Jeremías 25:11-14; 29:10-14).

Luego continúa diciendo Daniel: *"Y volví mi rostro a Dios el Señor, buscándole en oración y ruego, en ayuno, cilicio y ceniza. Y*

oré a Jehová mi Dios e hice confesión diciendo: Ahora, Señor…
hemos pecado… no hemos obedecido… Tuya es, Señor, la justicia,
y nuestra la confusión de rostro…" (9:3-19).

La maravillosa profecía de la historia futura del Mesías e Israel, el pueblo de Dios

Desde aquella búsqueda profunda de Jehová, él honró a Daniel
por dar la visión por excelencia del Antiguo Testamento (Daniel
9:20-27). Con setenta «hebdómadas» sietes un total de 490 años,
Jehová mismo daría cumplimiento a la profecía de Jeremías y
mucho más. Las setenta semanas no serían de días (70) ni de
años, sino de setenta unidades de sietes. Sin entrar ahora en
detalles, Dios repartió las 70 semanas de años de la siguiente
manera: siete semanas (49 años) y sesenta y dos semanas (62=
434 años) o en total sesenta y nueve semanas (483 años), dejando
una semana pendiente (7 años) = 490 **años no consecutivos.**
Queda, todavía, la última semana para el futuro.

Dios le da la finalidad de sus propósitos para con su pueblo con
seis objetivos fijos. *"Setenta semanas están determinadas sobre*
tu pueblo y sobre tu santa ciudad, para terminar la prevaricación,
poner fin al pecado, y expiar la iniquidad, para traer la justicia
perdurable, y sellar la visión y la profecía, y ungir al Santo de los
santos" (9:24). Esto debe llevarnos al final de los tiempos
asegurando Dios la culminación de todas sus profecías hacia Israel
y su Mesías.

Se especificó el punto de partida de este gran designio divino.
"Sabe, pues, y entiende, que desde la salida de la orden para
restaurar y edificar a Jerusalén (bajo Nehemías 444 a.C.) *hasta el*
Mesías Príncipe, habrá siete semanas, y sesenta y dos semanas; se
volverá a edificar la plaza y el muro en tiempos angustiosos"
(v.25). Esto último se dio bajo la dirección Nehemías. *"Después de*
las sesenta y dos semanas se quitará la vida al Mesías, mas no por

sí; y el pueblo (Roma) *de un príncipe* (Tito en la destrucción de Jerusalén en 70 d.C.) *que ha de venir destruirá la ciudad y el santuario; y su fin será con inundación, y hasta el fin de la guerra durarán las devastaciones"* (v.26).

Ahora nos queda una semana más (7 años). El texto habla del futuro: *"hasta que venga la consumación, y lo que está determinado se derrame sobre el desolador"* (v.27). Esto tiene que ver con el clímax de Dios para con su pueblo y su ciudad. Así, con mucha razón, el texto habla del final de Jerusalén y la nación lo cual no ha pasado todavía; al contrario, Israel regresó (1948) en incredulidad a su tierra. Por lo tanto, podemos decir con confianza que este evento está por venir. Podemos ver el regreso de Cristo cuando venga a establecer, desde Jerusalén, su reinado de mil años (Jeremías 30:6-24; Zacarías 14; Romanos 11:20-31).

A grandes rasgos, doy esta enseñanza del futuro milenial cuando Cristo regrese para reinar por mil años (Apocalipsis 20:1-6). Todo esto es profético, pero mi énfasis es que a Daniel le concedió Dios esta profecía que prepararía a Simeón y a Ana para anticipar y saber cuando vendría el Mesías mismo (Lucas 2:25-38). Dios honra a sus siervos cuando son íntegros.

Dios mismo honró a Daniel y su integridad vitalicia por permitirle revelar el futuro de Israel a largo plazo: la muerte vicaria del Mesías por el pecado del mundo entero y luego su regreso a reinar sobre su remanente ya convertido introduciendo así el reino milenial y el estado eterno.

Lecciones fuertes que debe aprender el líder bíblico a través de la vida de Daniel

1. No hay nada que pueda sustituir la integridad en la vida del líder. La integridad debe empezar desde la etapa más joven posible, persistiendo en el propósito firme de *"no contaminarse"* (Daniel 1:8, 9).

2. La integridad abarca todo aspecto de la vida: amor para Dios, aborrecer el mal, manifestar fidelidad, honestidad, valentía, obediencia a todo costo hasta el mero fin.

3. Las circunstancias ajenas no deben gobernar las acciones y actitudes del líder joven.

4. Dios puede guardar limpio en toda circunstancia imaginable a quien llama a servir.

5. La valentía de un joven puede motivar a otros jóvenes para ponerse firmes (Daniel 3).

6. Dios es soberano y se encarga de la vida de los suyos cuando son fieles en santidad.

7. Dios honra a quienes le honran de la manera que él decida. *"Si estuviesen en medio de ella estos tres varones, Noé, Daniel, y Job, ellos por su justicia librarían únicamente sus propias vidas, dice Jehová el Señor"* (Ezequiel 14:14).

8. Daniel conocía a su Dios por medio de la oración y Dios le concedió la profecía de mayor alcance. Si Génesis 3:15 nos da el principio, Daniel 9:20-27 nos da el fin glorioso.

Capítulo 13
LIDERAZGO DESDE LA CRUZ – PRINCIPIOS Y PERSONAJES

Breve sumario de la serie
Mateo 11:28-30

Introducción

Este capítulo es un repaso sobre la serie **Liderazgo desde la Cruz – principios y personajes.** Debido a que hemos abarcado mucho material bíblico, es difícil retener y traer a la memoria los principios de un tema tan importante, especialmente cuando se enfrenta la crisis personal o en el diario caminar de la iglesia local. A veces no hay quien se ponga en la brecha. *"Y busqué entre ellos hombre que hiciese vallado y que se pusiese en la brecha delante de mí, a favor de la tierra, para que yo no la destruyese; y no lo hallé"* (Ezequiel 22:30).

El paradigma no es nadie más que Jesús, el humilde de corazón

Según el Diccionario de la Real Academia Española, paradigma significa "ejemplo y ejemplar". El diccionario en inglés Webster, por su parte, define la misma palabra como "un ejemplo que sirve como modelo o patrón". El mundo cristiano está de acuerdo en que no hay manera de superar la excelencia de la vida de Jesús. Él --nuestro modelo-- es realmente la esencia de la vida cristiana tanto en su conducta como en su servicio.

123

"Para mí el vivir es Cristo" (Filipenses 1:21). *"Porque habéis muerto, y vuestra vida está escondida con Cristo en Dios. Cuando Cristo, vuestra vida, se manifieste, entonces vosotros también seréis manifestados con él en gloria"* (Colosenses 3:3-4). *"Con Cristo estoy juntamente crucificado, y ya no vivo yo, mas Cristo vive en mí; y lo que ahora vivo en la carne, lo vivo en la fe del Hijo de Dios, el cual me amó y se entregó a sí mismo por mí"* (Gálatas 2:20).

Si buscamos líderes que Dios pueda bendecir y usar, tenemos que ser creyentes a la medida que Cristo pueda manifestarse a través de nosotros. Dicho de otra manera, debemos permitir que Dios se manifieste en nosotros. Esta verdad me devuelve a la Cruz donde Dios puso fin a Ernesto Johnson (pon tu nombre de una vez) y lo enterró y lo resucitó, todo por su gracia. Cristo ya se siente en casa en nosotros y debemos valorar altamente nuestra unión con él.

Después de experimentar con los sistemas de liderazgo humano en este mundo de negocios, regresamos satisfechos a nuestro paradigma. Yo vuelvo al mensaje de la Cruz, el único mensaje que reconoce Dios. Al fin de cuentas es él mismo que puso la cruz en todo el centro de su plan de salvación. No podemos mejorar lo que él escogió en su sabiduría infinita.

Los peligros de lo humano y lo carnal

¡Qué fácil es ser seducidos por el mundo y sus medios tecnológicos, sus teorías, su ambición en busca del poder, las cifras y su dinero! Pero Pablo nos recuerda: *"Porque lo insensato de Dios es más sabio que los hombres, y lo débil de Dios es más fuerte que los hombres"* (1 Corintios1:25). Isaías subraya lo mismo: *"Como son más altos los cielos que la tierra, así son mis caminos más altos que vuestros caminos, y mis pensamientos más que vuestros pensamientos"* (Isaías 55:9).

Claro, es cierto, podemos tomar algo del estudio del liderazgo humano en la sicología, la antropología y la sociología, pero debemos aprender a no depender de ello, ni mucho menos prostituir la verdad de los principios bíblicos. Que nuestra fe no se base en los números y los medios novedosos que ministran a nuestro orgullo carnal. La palabra final es: *"Por cuanto los designios de la carne son enemistad contra Dios; porque no se sujetan a la ley de Dios, ni tampoco pueden; y los que viven según la carne no pueden agradar a Dios"* (Romanos 8:7-8).

Cuatro enfoques sobre el liderazgo de Jesús - principios bíblicos

Mateo nos da la invitación --y a la vez las órdenes-- que Cristo les dio genuinamente a sus seguidores. El contexto de Mateo es iluminador: el Señor denuncia a las ciudades que fueron bendecidas por su presencia y milagros (Mateo 11:20-24). En agudo contraste Dios revela a su Hijo, no a los sabios ni a los entendidos sino a los niños. Lo hace así porque le agrada confundir a los orgullosos. Introduce a su Hijo a los niños para que, de esa manera, entren en una comunión íntima con Jesús y su Padre. No hay mayor privilegio reservado para los "sencillos" de corazón.

Luego vienen las tres órdenes: ***Vengan a mí, lleven y aprendan...*** pero sólo los pobres de espíritu, los cargados, ellos querrán venir a él. Esto quiere decir, nada menos que llevar su yugo y aprender de él precisamente en el área de su gloria: **la humildad y mansedumbre.** Si le parece extraña tal orden, recuerde que su yugo es fácil y ligera es su carga. Así era Cristo humanizado, el líder por excelencia y así serán sus seguidores, los futuros líderes.

Pablo nos define en acciones divinas estos atributos sobresalientes de Jesús, *la humildad y la mansedumbre,* al describir su anonadación desde la gloria misma hasta su muerte de cruz (Filipenses 2:5-11). Pero el camino de la cruz resulta más tarde en su exaltación hasta lo sumo, teniendo un nombre que es sobre todo nombre delante del cual se doblará, algún día, toda rodilla angélica y humana.

Juan recuerda vívidamente aquella última noche cuando en su Pascua final con los discípulos tomó una toalla y les lavó los pies a aquellos que --sabía bien-- iban a abandonarlo en el momento de la muerte. Hasta le lavó los pies a Judas y se dirigió a él de modo directo pero no duro. ¡Qué corazón tan misericordioso!

Pedro, aquel que lo negó con juramento pero luego fue restaurado por la gracia de Jesús, nos dice: *"Quien cuando le maldecían, no respondía con maldición; cuando padecía, no amenazaba, sino encomendaba la causa al que juzga justamente"* (1 Pedro 2:23). Luego en 1 Pedro 5:1-6 exhorta a los pastores a hacer lo que el gran Pastor de las ovejas vivía y hacía. El liderazgo en la iglesia local debe buscar siempre el bienestar de los miembros del Cuerpo de Cristo, la Cabeza de la iglesia. (1 Pedro 2:21).

¿Cuál es la suma de estos cuatro enfoques? El líder, entre otras cosas, tiene que morir a su orgullo, su afán de tener el poder, conseguir un buen nombre y levantarse con el control de otros. Cuántos buenos pastores y evangelistas han caído ante las faldas, las finanzas y la fama. Lo único que garantiza la permanencia del ministerio es una vida de santidad que nace desde la Cruz. La humildad y la mansedumbre es el ropaje de la santidad. Sólo la cruz, es decir, nuestra muerte al pecado y el vivir de Cristo afirmado en nosotros por fe, puede librarnos de los vicios secretos de corazón del líder.

Seis hombres de "pasiones humanas" ilustran las cualidades del verdadero líder

Enoc, Moisés, Josué, Nehemías, Isaías y Daniel no eran hombres perfectos. La Biblia dice: *"Elías era hombre sujeto a pasiones semejantes a las nuestras"* (Santiago 5:17). Es verdad que la Escritura no relata ningún defecto en Enoc, José y Daniel, pero sin duda llevaban la misma naturaleza pecaminosa. Sin embargo, esas fallas humanas no nos prohíben andar con Dios y desarrollar estas cualidades del líder que Dios bendice.

En breve: 1.) Enoc caminó con Dios; 2.) Moisés aguantó la crítica de la familia y colegas sin caer en la venganza personal; 3.) Josué era fiel y valiente frente al reto grande de tomar el lugar de Moisés y llevar a su pueblo a Canaán; 4.) Nehemías sabía manejar el poder de la oración frente a lo excedente y sobrante de la oposición diabólica a gran costo personal; 5.) Isaías vio a Jehová y como Job cayó quebrantado e inútil, fue humillado pero de nuevo fue puesto en pie y encargado de ser el profeta mayor; 6.) Daniel, desde joven, se mantuvo firme, sin mancha y comprometido con Dios en medio de un ambiente totalmente pagano. Dejó un testimonio esterlino.

Lo de Enoc nos impresiona porque vivía en tiempos antediluvianos cuando, según sabemos, había poco conocimiento de los caminos de Dios (Génesis 5:24; Judas 14, 15). Lo anterior me enseña a que no es la cantidad de conocimiento lo que vale sino el andar, el compromiso de andar a luz de la fe que siempre agrada a Dios. La sencillez de andar con Dios es el primer requisito para ser líder. No hay otro sustituto.

Lo de Moisés quizá no nos sorprenda por ser un caudillo por excelencia; pero en esta primera ocasión frente a la crítica severa de María y Aarón no se defendió sino que dejó que Dios mismo lo hiciese. Y Dios lo hizo (Números 12:1-16). Si defendemos nuestro

127

«yo», Dios no puede; al contrario si no lo hacemos, sí que Dios puede y lo hará a su tiempo, no en el nuestro.

Ante la sublevación tan seria de Coré (Números 16:1-50), Moisés mostró gran equilibrio entre la importancia de la verdad, por un lado, y su propia persona, por el otro. Dejó que Dios decidiera quién tenía la razón. Pero Moisés no dejó entrar los celos personales; al contrario, oró por el pueblo para que no sufriera demasiado por la maldad de uno solo. Mostró su apego a la verdad, pero despegado del mal en forma de fama o puesto importante. No se enorgulleció y Dios lo vindicó.

Lo de Josué ¡qué tremenda tarea la de seguir al profeta Moisés quien había hablado cara a cara con Dios! El aprendiz tomó el reto y no se desanimó frente a lo imposible. Bien pudiera haberse sentido muy inferior a Moisés, pero Jehová hizo que llegara a ser valiente y fuerte (Josué 1:1-9). *"Fiel es el que os llama, el cual también lo hará"* (1 Tesalonicenses 5:24). Además Josué fue fiel hasta el último día de su vida, dando un reto profético a su pueblo antes de su muerte (Josué 23, 24). No es el tamaño del gigante enemigo, sino el poder de Dios a través del instrumento disponible. No cabe el temor o la cobardía cuando se ha sido llamado por Dios.

Lo de Nehemías quien llevó bien el cargo desde su posición como laico. Dios no se limita a los profetas y a los caudillos. Puede llamar al copero (Nehemías), al mayordomo (José) o el político (Daniel). Pero Nehemías, con una verdadera carga espiritual, listo para poner el hombro al trabajo, no se confundió pensando que con sus contactos en el palacio podría lograr gran éxito. Más bien desde el principio oró, dejándonos una oración modelo frente al desastre y el panorama desolador (Nehemías 1:5-11). Con cada paso dado volvía a orar, a veces con oraciones relámpagos. Pero usaba de mucha sabiduría al poner la parte humana para que Dios pudiera hacer lo que sólo él podría hacer. Ésta es una buena lección para el líder bíblico. La tarea es de Dios mismo y no de nosotros.

Lo de Isaías revela la absoluta necesidad de un quebrantamiento ante Dios. El orgullo nuestro no muere tranquilo. Dios sabe bien que antes de permitir que su hijo realice el *"poder de su resurrección y la participación de sus sufrimientos"* (Filipenses 3: 10), tiene que morir. No hay otra opción. Dios no puede encomendar su poder y bendición para que la carne se jacte, de ninguna manera. Isaías había gozado de unos años de bendición y ministerio, gracias a que era familiar en la casa real. Había sido llamado. Dios tenía cosas más grandes para él, pero no podría ponerlas en sus manos. Tenía que revelársele a Isaías en su santidad y exponer la carnalidad latente en la boca.

El fuerte de Isaías era su manera elocuente de hablar y escribir. Léanse los primeros cinco capítulos de Isaías. Precisamente en su área fuerte Dios lo tenía que tocar. Isaías se vio como lo que era, un hombre de labios inmundos entre un pueblo inmundo. Pero una vez fueron tocados sus labios con un carbón del altar, Dios lo purificó e Isaías salió con una comisión nueva. Otra vez el camino al servicio fructífero pasa por la cruz, la muerte para realizarse en novedad de vida (Romanos 6:1-14).

Lo de Daniel nos llama la atención porque desde su juventud hasta su vejez siguió a Jehová sin tropezar, y todo en medio del paganismo de dos imperios mundiales. No hay lugar ni puesto en el cual Dios no pueda preservar a sus llamados. Daniel empezó listo a morir por su fe sin ninguna ambición fuera de la voluntad de Dios. El secreto de su larga vida fue esa muerte espiritual en su adolescencia (Daniel 1:3-21).

Ya muerto a lo atractivo del mundo, pudo realizar una proyección larga en la misma cumbre de los dos imperios. Se quedó por encima de la política de Babilonia y Persia, no pequeño logro. La integridad de la vida de Daniel le protegió aun en las

129

circunstancias más peligrosas. Su vida intachable puso bien celosos a sus colegas seculares, pero aun sus tramas no pudieron atraparlo. Al fin y al cabo Dios honra a quien lo honra (1 Samuel. 2:30).

Además Daniel bendijo a sus tres hermanos que vieron su ejemplo y los cuatro se mantuvieron firmes frente al rey Nabucodonosor (Daniel 3). Por la fidelidad de Daniel, Dios le concedió una de las profecías claves de todo el Antiguo Testamento, la **Profecía de las Setenta Semanas** que traza a grandes rasgos el plan divino para su santa ciudad y nación --hasta el reino milenial y el reino eterno del Dios Trino.

José, Daniel y Nehemías son ejemplos de que el liderazgo bíblico prospera no tan sólo en el ministerio de la Palabra sino también en el mundo secular.

Lecciones fuertes que debe aprender el líder bíblico

1. Entre todos los atributos de Jesús sobresalen *la humildad y la mansedumbre* como cualidades que nos toca emular. Mateo las especifica para nuestro aprendizaje.

2. Dicho de otra manera, el seguidor de Cristo no puede ser orgulloso ni arrogante. Tal costumbre sería contraproducente en mil maneras.

3. La misma encarnación es el ejemplo por excelencia de la humillación que resultó, a la postre, en la exaltación del día futuro cuando toda lengua confiese que Jesús es el Señor.

4. El último acto de cariño y lealtad ante sus discípulos fue tomar una toalla y lavarles los pies. Tal humildad preparó el camino para la más rica enseñanza dada en Juan 13-17 a los discípulos.

5. Pedro que fue infiel en el momento crítico de la crucifixión recuerda esas cualidades y las impone en los pastores y los miembros de la iglesia local. Lo que no practicaba él antes,

ahora es el mensaje para quienes participan en su sufrimiento y su gloria.

6. Enoc anduvo con Dios dejándonos un ejemplo que merece su lugar en Hebreos 11. No es cuestión de cuánto sabemos, sino cuánto obedecemos.

7. Moisés aguantó la crítica y no se defendió en prueba, sino que oró por María como Cristo lo hizo en la cruz. Luego, ante una rebelión grande se puso firme y Dios lo defendió sin que él se vengara de Coré. Dios pelea por los suyos a su manera, y no a la nuestra.

8. Josué frente a una situación difícil fue valiente y esforzado. Por una larga vida fue un buen líder frente a un pueblo algo rebelde e infiel.

9. Nehemías dejó lo seguro de su puesto en la corte del rey para llevar la carga de Jerusalén. Con su vida de oración y disciplina pudo edificar los muros y logró lo que sus enemigos decían que era imposible.

10. Isaías, el profeta elocuente, tuvo tal encuentro con Jehová, el tres veces santo, que fue quebrantado su corazón. En su punto fuerte, su elocuencia, se vio inmundo e incapaz. Pero esto fue sólo el primer paso para un nuevo encargo y más fructífero ministerio.

11. Daniel por su integridad y larga vida dejó huella en dos imperios paganos.

CPSIA information can be obtained at www.ICGtesting.com
Printed in the USA
LVOW091131130412

277311LV00002B/2/P